目 录

海底的较量

——厦门海底隧道

徐景明 著

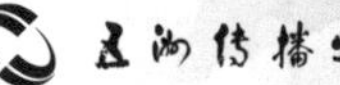

图书在版编目（CIP）数据

海底的较量：厦门海底隧道 / 徐景明著 . -- 北京：五洲传播出版社，2024.8

ISBN 978-7-5085-5143-2

Ⅰ.①海… Ⅱ.①徐… Ⅲ.①水下隧道－厦门 Ⅳ.①U459.5

中国国家版本馆 CIP 数据核字 (2024) 第 009636 号

海底的较量——厦门海底隧道

著　　者 / 徐景明
图片提供 / 徐景明
责任编辑 / 王　峰
出版发行 / 五洲传播出版社
地　　址 / 北京市海淀区北三环中路 31 号生产力大楼 B 座 6 层
邮　　编 / 100088
发行电话 / 010-82005927　010-82007837
网　　址 / http://www.cicc.org.cn　http://www.thatsbooks.com
印　　刷 / 北京市房山腾龙印刷厂
版　　次 / 2024 年 8 月第 1 版第 1 次印刷
开　　本 / 710 mm × 1000 mm　1/16
印　　张 / 7
字　　数 / 60 千字
定　　价 / 78.00 元

前言

厦门翔安隧道是中国大陆地区第一座海底隧道，也是当今世界上断面最大的钻爆法海底公路隧道，由中国自主完成勘测、设计、施工，在中国隧道建设史上具有里程碑的意义。

海底隧道建设是一项高难度、高风险的前沿技术，代表了隧道工程领域各项复杂技术的集成，也是综合国力的体现之一。目前，全世界已建成钻爆法海底隧道约 40 座，主要分布在欧美和日本等少数发达国家。尽管中国是山岭钻爆法隧道建设的大国，但山岭钻爆法技术还无法完全解决海底隧道设计、施工和运营存在的一系列技术难题。在厦门翔安海底隧道之前，国内尚无海底隧道工程实例，缺乏可操作的技术模式。

厦门翔安隧道建设环境十分复杂，地质条件异常复杂恶劣，不良地质段占总长的 54%，且覆盖层厚度小，需要穿越中华白海豚国家级保护区。其不良地质种类之多、规模之巨、风险之高，建设条件之复杂，在当今世界已建钻爆法海底隧道中前所未有，存在世界级技术难题和特大建设风险。

厦门翔安隧道从 2005 年 9 月 6 日正式开工建设，到 2010 年 4 月 26 日开通，历时 4 年 8 个月时间；开挖、弃运的土石方约 235 万立方米，几乎可以填满埃及大金字塔；使用钢材 5.5 万吨，可造七座世界驰名的巴黎艾菲尔铁塔；使用炸药 2500 吨；使用混凝土 87 万立方米。它采用自行研制的高性能抗腐蚀混凝土，可保用 100 年以上，抗震按 VIII 度设防。施工工艺达到世界级水平，系全国三大样板工程之一。

这是穿越世纪之梦的宏伟工程。翔安隧道建成以后，使原来厦门本岛通往翔安的 90 分钟车程缩短为 8 分钟。它极大提升了厦门岛内外一体化、城乡建设一体化战略实施的品位和速度，在被列入国家战略的海峡西岸经济区的建设中，具有划时代的深远意义和十分显著的社会以及经济效益。

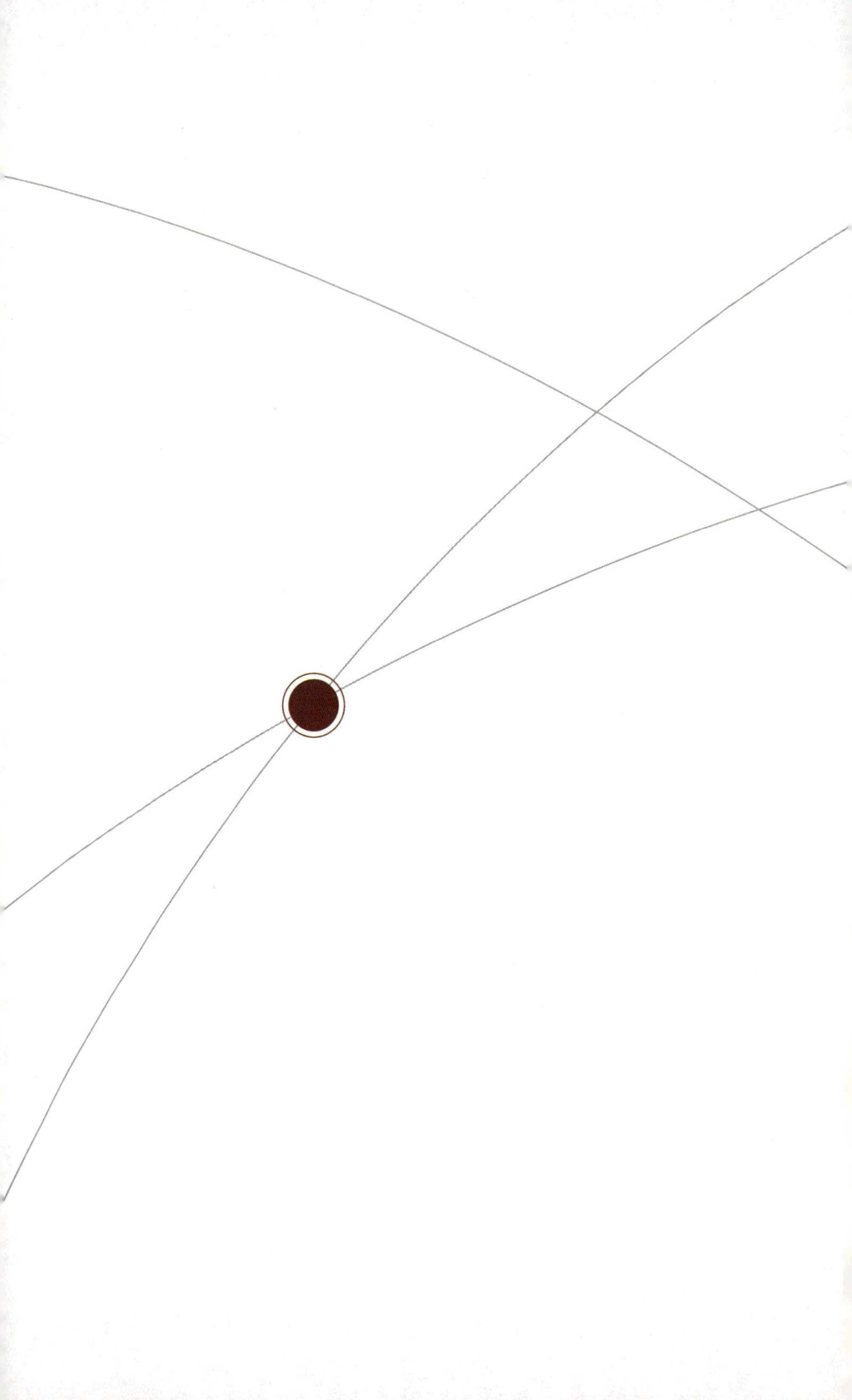

翔安隧道建设背景与决策过程

人类穿越海底的实现历程

地球上由于海洋的存在，陆地被分割，形成不同条件下的若干区域，并造成交通障碍。现今，随着技术的进步，人们之间的联系日益广泛，经济日趋发展，修建海底隧道、实现陆路相通，成为一个良好的契机。

同时，城市的发展速度逐步加快，交通需求与土地资源的矛盾日益加深。随着地铁等地下交通方式的不断兴建，隧道已经成为开发利用地下空间的主流方式。工程界认为：19 世纪和 20 世纪是长大桥梁、高层建筑发展的时代，而 21 世纪将是长大隧道工程发展地下空间的时代。

海底隧道的发展可以追溯到 1751 年提出的英吉利海峡隧道的设想，但限于当时技术和资金上的困难，直至 1994 年这一构想才得以成为现实。日本 20 世纪 40 年代（1939 年动工，1944 年竣工）在关门海峡修建的海底隧道是世界上最早的海峡隧道。20 世纪 70 年代之后，日本、挪威、英国等国家的大量海底隧道相继建成。日本于 1988 年贯通了穿越津轻海峡的青函海底铁路隧道，全长 53.85km。日本青函隧道与英吉利海峡隧道堪称 20 世纪最宏伟的隧道建设壮举。以青函隧道的建成为契机，世界各国横断海峡的热情迅速高涨。许多被视为“梦想”的横断海峡的宏伟计划，都呈现出“现实”的曙光。

▶ 日本青函隧道

为新干线铁路隧道，穿过津轻海峡，全长 53.85km，海底段长 23.3km，采用钻爆法施工。隧道在海面下最大埋深 240m，其中水深 140m 左右，隧道顶部岩层平均厚度 100m，隧道设计最大纵坡为 12‰。隧道由两条主洞和一条辅助坑道组成，主洞为双线马蹄形断面，内径 9.6m，与主洞平行，间距 30m 处设辅助施工坑道。辅助坑道直径 5m，其目的是作为地质探洞进行地质调查，并处理主洞涌水和增开工作面，隧道建成后用作维修坑道及通风坑道。隧道共设斜井 6 座，竖井 2 座。海底段隧道工程于 1972 年正式开工，1983 年导坑贯通，1988 年 3 月全线通车。

隧道通过地层主要为受到很大扰动的火山质岩和中新流沉积岩，地下水为基岩裂隙水，突然涌水与断层有关，并与海水有一定的水力联系，沿线海底段有 9 条较大的断层，其他小断层每千米约 1—3 处，地质条件十分复杂。

在青函隧道的施工过程中，为了防止发生海底涌水，曾经采取了多项预防措施，如水平超前钻孔、注浆加固围岩等，但涌水仍是防不胜防。这些涌水事故都发生在断层地带，虽然这些断层地带都已经过大量的注浆加固。青函隧道施工过程中主要发生了四次大的涌水，对施工影响很大。青函隧道施工中处理涌水事故，最长的一次花了近一年的时间。

▶ 英吉利海峡隧道

是采用掘进机法施工的最具代表性的水底隧道，该隧道全长 50.5km，海底段 37km，共设有三条平行的洞室，其中两条单线铁路隧道，内径 7.6m，相距 30m，中间为服务隧道，直径为 4.8m。每条主洞有一单线铁路与一人行道。服务隧洞作通风、维修及整体安全之用，在施工期间则可用于超前地质预报。

隧道位于海床底以下 40—50m，采用 11 台掘进机施工，交叉转线段及横通道采用钻爆法施工，掘进机的辅助设备车架长数百米，其昼夜不停地施工，推进速率达到每月 1400m，仅用 4 年，1994 年隧道即全线贯通。

英吉利海峡隧道线路根据 19 世纪时已标定的蓝色白垩层而定，此种岩层坚实但不太硬，又不透水，是理想的掘进地层。由古代沉积地层组成的英吉利海峡的地质状况十分稳定，无断层、无地震活动迹象、无褶皱，有较好的施工条件。

英吉利海峡隧道工地是 20 世纪最大的工地之一。整个工程工期计划为 7 年，实际只用了 4 年，工期是很短的。为尽快开通隧道，共有 11 台隧道掘进机同时施工。隧道掘进机上的各班组日夜轮班不停，每一工作面有五个班组。

▶ 丹麦斯多贝尔海峡铁路隧道

长 7.9km，盾构法施工长 7.26km，盾构直径 8.782m，管片厚 0.4m，

海峡工程总长 18km，总造价约 40 亿元。该工程被称为两个“世界第一”：一是用大规模的排水系统来降低大海峡下面隧道线路周围孔隙水的压力，使主隧道和横通道施工更容易更方便。二是采用多阶段保护战略，保证工程结构有 100 年的使用寿命。

隧道外径达到 8.5m，隧道内每隔大约 20m，设置一个永久性的轨道界标板，以利于铺设永久轨道，架设架空电线的构架及供简单区域量测的其他用途。隧道采用位于每孔隧道最低处的集水坑进行排水，在正常行车运行条件下不需要隧道通风。

▶ 中国香港地区海底隧道

中国香港地区于 20 世纪 70—80 年代修建了 5 座海底隧道，包括 3 座公路沉管海底隧道，2 座掘进机（TBM）法施工的地铁轨道交通隧道。这些隧道长度都在 1.5km 左右。

公路交通隧道：

1. 香港西区海底隧道，双向三车道，沉管形式；
2. 香港红磡海底隧道，双向三车道，沉管形式；
3. 香港东区海底隧道，双向三车道，沉管形式。

轨道交通隧道：

1. 香港地铁中环线海底隧道，双管掘进机（TBM）法隧道；
2. 香港地铁将军澳线海底隧道，双管掘进机（TBM）法隧道。

此外香港地区还有数条供水和污水输送海底隧道，大部分采用TBM法施工。

以上每一座隧道，都积累了一些宝贵的经验。在翔安隧道的修建过程中，外国的专家，大多也是这些隧道项目的建设者。

世界部分海底隧道一览表

隧道	类型	建成时间	长度	最深点	埋深	修建国	断面积	备注
关门隧道1	铁路	1944	3.6km	-40m	最小9.5m	日本	76.9m²	灰绿凝灰岩、花岗岩
关门隧道2	公路	1958	3.4km	-50.1m	最小20.7m	日本	95m²	闪绿岩、玢岩角角岩
新关门隧道	铁路	1975	18.71km	-50m	68.5m	日本	74m²	海底部分为玢岩、花岗闪绿岩
青函隧道	铁路	1988	53.85km	-140m	最大240m 平均100m	日本	37m² 109.48m²	安山岩、火成岩、沉积岩
Alesund~Ellingsoy	公路	1987	3.49km	-140m	最小40m	挪威	68m²	前寒武纪片麻岩
Ellingsoy~Valderoy	公路	1987	4.17km			挪威	68m²	前寒武纪片麻岩
Ellingsoy	公路	1987	3.5km	-140m		挪威	68m²	片麻岩

续表

隧道	类型	建成时间	长度	最深点	埋深	修建国	断面积	备注
Valderoy	公路	1987	4.2km	-137m		挪威	68m²	片麻岩
Godoy	公路	1989	3.8km	-153m		挪威	48m²	片麻岩
Hvaler	公路	1989	3.8km	-120m		挪威	45m²	片麻岩
Byfjord	公路	1992	5.8km	-223m		挪威	70m²	千枚岩
Mastrafjord	公路	1992	4.4km	-133m		挪威	70m²	片麻岩
Freifiord	公路	1992	5.2km	-130m		挪威	70/54m²	片麻岩
英吉利海峡隧道（服务隧道）	服务通道	1993	48.5km	-100m	21—70m 平均 40m	英国 法国	36.17m²	白垩纪泥灰岩及泥灰质黏土
英吉利海峡隧道	铁路	1994	50.5km	-100m	21—70m 平均 40m	英国 法国	95.5m²	白垩纪泥灰岩及泥质黏土
Tromsoy-sund	公路	1994	3.4km	-101m		挪威	2×57m²	闪长片麻岩
Htira	公路	1994	5.3km	-267m		挪威	70m²	片麻岩
Troll	输水	1995	3.8km	-260m		挪威	66m²	片麻岩

续表

隧道	类型	建成时间	长度	最深点	埋深	修建国	断面积	备注
Tromsøy-sund	公路	1994	3500m 3386m	-102m		挪威		最大纵坡 8.2%
Bjorøy	公路	1996	2012m	-88m		挪威		最大纵坡 10%
Sløverfjord	公路	1997	3337m	-120m		挪威		最大纵坡 8.0%
Nordkapp (Magerøy-sund)	公路	1999	6875m	-150m		挪威		最大纵坡 10%
Frøya	公路	2000	5305m	-164m		挪威		最大纵坡 10%
Oslofjord	公路	2000	7390m	-134m		挪威		最大纵坡 7.0%
Ibestad	公路	2000	3396m	-112m		挪威		最大纵坡 9.9%
Bømlafjord	公路	2000	7931m	-262.5m		挪威		最大纵坡 8.5%
Skates-traum	公路	2002	1890m	-80m		挪威		最大纵坡 10%
Melkøy	公路	2003	2300m	-62m		挪威		
斯多贝尔特大海峡隧道	铁路	1996	7.9km	-75m	平均 20m	丹麦	56.7m^2	冰碛层和泥灰岩（盾构法）
东京湾横断公路隧道	公路	1998	9.1km	-50m	平均 15m	日本	151.7m^2	软弱冲积、洪积黏性土层（盾构法）
卓戈登隧道 (Drogden)	铁路	1999	4050m			丹麦	333.68m^2	鄂尔森越海通道（Oresund Fixed Link）的一部分，为世界上最长的混凝土沉管隧道

永不

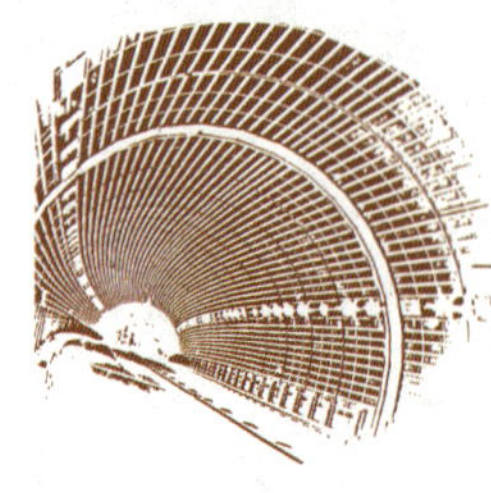

翔安隧道：持续十多年的酝酿过程

建设翔安隧道，是为满足厦门经济社会发展的需要。厦门是一个海岛加陆地的海湾型城市，陆地面积 1699.39 平方公里，海域面积 300 多平方公里，其中面积约 128.14 平方公里的厦门岛，四面环海，是厦门经济特区的发源地，集合了厦门市的政治、经济中心功能，也是高度发达的城区中心。

厦门的发展，不能局限于弹丸小岛，随着“城乡一体化”“同城化”的迅猛发展，闽南金三角与厦门岛内外的联系越来越紧密，四面环海的厦门岛对跨海通道的需求越来越紧迫，对发展空间的需求越来越强烈。因此，厦门建设出岛跨海通道的进程逐步加快。自 1991 年建成厦门大桥之后，1999 年底建成海沧大桥，2005 年前后先后启动杏林大桥、集美大桥和翔安隧道的建设。

翔安隧道项目前期研究时，厦门进出岛通道有高集海堤、厦门大桥、海沧大桥。其中，20 世纪 50 年代修建的厦门高集海堤宽 7m，通行能力非常有限；厦门大桥是厦门岛第一条对外公路通道，于 1991 年建成通车，长约 6.599km，桥宽 23m，四车道，设计时速 60km/h，2001年交通量为34034辆/日，已超过设计通行能力，十分拥挤。开辟厦门岛的第三个进出岛通道——东通道，已显得日益迫切。

这些跨海公路通道，不仅仅是厦门交通的载体和特区经济腾飞的助力器，也是中国桥梁建设科技实力的体现，是海洋环境保护和科学发展观建设理念的体现，更成为一处风景、一个地标，展示着绚丽的风采，推动了厦门特区经济发展和中国桥梁修建技术的进步。

翔安隧道在设计上采用三孔隧道方案，两侧为行车主洞，各设置三车道，中孔为服务隧道。主洞隧道建筑限界净宽13.5m，净高5m。服务隧道建筑限界净宽 6.5m，净高 6m。主洞隧道测设线间距为 52m，服务隧道与主洞隧道净间距为 22m。计算行车速度 80km/h。隧道最深处位于海平面下约 70m，最大纵坡 3%。左、右线隧道各设通风竖井 1 座，隧道全线共设 12 处行人横通道和 5 处行车横通道，横通道间距为 300m。采用钻爆法暗挖方案修建该工程。

海沧大桥

▶ 翔安隧道地理位置示意图

建设国内第一条海底隧道，需要技术创新，也需要管理创新。翔安隧道精心组织、科学管理、勇于创新，全面抓好工程安全、质量、进度、费用、环保五大控制，合同、信息两大管理，以及组织协调工作，保质保量按期完成工程建设任务，实现建设国内第一条海底隧道精品工程和示范工程的目标。

翔安隧道的酝酿过程，持续了十多年。早在1994年，颇有远见的厦门城市建设决策者，就把东通道（翔安隧道工程名）的前期工程正式列入“九五”（1996—2000）和“十五”（2001—2005）期间的重点工程。1998 年，东通道前期工作全面启动，开始地质勘探和方案研究，历时 8 年，工程于 2005 年 9 月 6 日正式开工建设。

8 年的前期工作，主要集中在方案比选上。首先，是桥隧之争。最初工程建设，有三个方案：潮汐发电闸坝方案、桥梁方案、隧道方案。这些方案必须综合考虑海陆域水文地质和工程地质勘探等各方面因素，国内外的相关技术调研也要予以支持。为此，建设者系统地开展现场勘探和方案研究，翻阅了大量的文献资料，邀请全国乃至世界隧道专家开会研讨。

国内桥梁界泰斗中国工程院项海帆院士，国内地下工程界泰斗中国科学院孙钧院士、中国工程院王梦恕院士和钱七虎院士等，参与方案研讨与评审。同时，还邀请了挪威海底隧道专家对地质条件进行系统地评估，英国和香港专家进行系统的海底隧道建设风险评估。这些经验丰富的国内外专家学者，对东通道建设方案进行了系统、深入的研究比选，科学分析了各种利弊因素，提出了有针对性的措施和方案。

在前期研究中，采用大范围比选、层层推进的方式，研究的海域横向宽度达 8km 左右，共提出了 10 多条路线方案，涵盖了厦门东侧海域，对适合于翔安隧道项目的国内外各种有代表性的桥型和隧道施工工法进行了充分比选。

可以用“争”这个词，还原当时方案论证的一些细节场景。首先，支持建桥的一方认为，国内跨越大江、海湾的大型桥梁的成功实践较多，经验比较丰富，而建设海底隧道是首次尝试，存在一定风险。同时，在运营和维护养护费用方面，建设桥梁能控制在较低水平，在工程造价方面，也比隧道节省许多。

曾超（厦门路桥建设集团副总、总工程师）回忆了当时的场景，他说，虽然支持桥梁的专家提出桥梁的优点，“细数起来应该有三四项”，但隧道的优点更多，包括使用功能好、工程占地面积小、地震及战争影响小、景观生态影响小、航运航空无影响、救援处理灵活等六七项。

“没有建设海底隧道的经验确实是一个让人放不下心的因素，但支持方都认为，这将是里程碑的一步。中国已完全拥有建设海底隧道的实力。”曾超说。

前期研究参与者之一、中科院资深院士孙钧表示，在发展这个第一要素下，隧道是最为合适的方案。

厦门岛四面环海，高集海堤、厦门大桥、海沧大桥，写下了岛内外互通的 50 多年历史。然而在每年必有的台风季节，通道尽数封锁，厦门岛内的菜价都会变贵。而翔安隧道则是“全天候”的，它安静地穿行于海底，任何天气均不影响出行。

翔安隧道工程现场指挥部总监理、工程师办公室副总监瞿守信说：“隧道的使用寿命比较长，翔安隧道要求是一百年。而建桥，寿命可能就没有那么长，或者说要达到这么长的寿命则需要付出更大的代价。”

从港口发展看，海岛城市向海湾城市演变，港口功不可没。五通、刘五店这两个古渡口，当时已经兴建了海空联运码头、滚装码头等，如兴建大桥将限制船入港口。孙钧院士曾风趣地说："若满足一般船舶通过桥下，大桥就得建得比摩天轮还高。那么引桥起码得建个几公里，车要开到湖边水库（靠近厦门岛中部）才能下桥吧。"几公里的引桥，对于能源的消耗也是惊人的。

同时，由于厦门高崎国际机场距工程区域较近，为保障飞行安全，有严格的建筑物高度限制要求。如果采用大跨度桥梁方案，桥塔高度须在航空净空障碍物限制面以下。经计算，桥塔限制高程在144—160m(黄海高程)，这一高度无法满足大跨度桥梁建设需要，进而制约港区通行。

在环境保护方面，桥墩施工对海域的环境影响较大，很可能将厦门引以为豪的中华白海豚"赶走"。中华白海豚是厦门的镇港之

▶ 中华白海豚保护海域

宝，当地渔民对中华白海豚的保护有着悠久的历史，视之为“海上保护神”。中华白海豚也是濒临灭绝的珍稀海洋生物，东通道所在海域为中华白海豚国家级自然保护区核心地带。所以，建设基本上不破坏原有的自然景观、海域生态环境、海洋生物的翔安隧道，可实现人与自然和谐共处，成为一条可持续的发展之路。

在抗震能力与战时抗毁损能力方面，由于桥梁是高出地面的建筑物，作用于高大桥梁上的地震强度比地面以下要大，中国唐山大地震及日本历次地震表明，地震力对地下结构物的破坏程度及范围比桥梁轻得多。同时，一旦爆发战争，桥梁目标明显，易招致较大破坏，而当前普通武器只能破坏隧道洞口建筑，即使破坏也易于修复，因此，隧道方案也比桥梁更有优势。

此外，挖隧道可以建设共同沟，对铺设电力管线、现代通讯信备、大型自来水管，都有造桥所不及之处。因此，挖隧道的运营费用虽然比较高，但综合经济效益和社会影响远远超出造桥之上。

日本专家鬼头诚先生，是日方技术代表团的团长，这位 80 多岁的老人，曾经亲自参加修建日本青函海底隧道。鬼头诚曾经这样鼓励建设者，“我完全相信现在的中国人，一定有能力、有条件把翔安隧道修建好！”

在研究隧道建设方案时，专家们又对具体修建方法进行了详细研究。海底隧道可分为海底段隧道和陆域段隧道。目前修建海底隧道的基本方法有钻爆法、掘进机法（即 TBM 法）和沉管法。另外，跨越海峡还可将以上几种方法混合使用。

首先被排除的是沉管法。沉管法指的是将若干个预制段分别浮运到海面（河面）现场，并一个接一个地沉放安装在已疏浚好的基槽内，以此方法修建水下隧道，是较为流行的一种隧道施工方法。但是，这种工法因对水域环境会造成一定破坏，首先被放弃。

方案集中在钻爆法与掘进机法（TBM 法）之间。建设者分析，钻爆法拥有 6 大优点，如适合各种地形条件；具有较成熟的设计施工经验；隧道建成后能较好地抵御各种自然及战争灾害；施工对环境影响小，施工时不影响通航；施工工期短，投资省；能适应隧道断面调整与变化；等等。

相比之下，掘进机法（TBM 法）虽然拥有机械化程度高，对围岩的损伤小，很少产生松弛、掉块、崩塌的危险等优点，但其也存在机械的购置、运输、安装、解体费用高；对海底风化槽等极端软弱围岩处理的适应性不强，对超过 200Mpa 的硬岩，成本急剧增加，开挖速度也降低。同时，建设方考虑厦门翔安隧道为三车道大断面隧道，进出口陆域段和海底风化槽段为全强风化地层，而其余地段为坚硬的花岗岩，属软弱不均地层，掘进机的选型困难，且适应性差。因此，钻爆法脱颖而出。

就这样，综合了地质条件、施工风险、港口资源保护、海洋生态保护、抗震能力、战时抗毁损能力、抗台风等自然灾害下全天候运营等因素，建设者原始的规划概念变成了现实可行的翔安海底隧道建设方案。2005 年 2 月 7 日，国家发改委正式批复了厦门东通道工程可行性研究报告，明确同意采用钻爆法暗挖隧道方案。由此，桥、隧之争水落石出，以隧道胜出告终。值得一提的是，这是中国

▶ 厦门全景

跨海越江通道工程桥隧比选中，隧道方案第一次胜出，是厦门山海相连的独特地理环境孕育了中国第一座海底隧道。

翔安隧道确定开建后，2005 年 3 月 8 日至 15 日，厦门市特地召开专门的研讨会，为“东通道”公开征名，会议建议将东通道命名为“翔安隧道”。“翔安”二字包含平安、腾飞、吉祥等多重含义。东通道命名“翔安隧道”，有利于扩大翔安的知名度，也有利

于翔安的发展。东通道通向翔安区，以工程的所在地地名来命名也符合地名学的基本原则。

短短一个星期，“东通道”征名热线电话就突破了 1000 条，还有 100 多封群众来信和 200 多条网上投票。2005 年 4 月 25 日，厦门市宣布“东通道”的学名最终确定为“翔安隧道”。

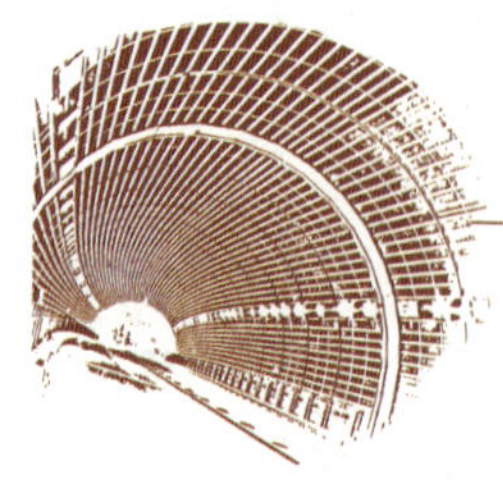

资金管理一波三折，创新融资模式

厦门东通道（翔安隧道）项目资金筹措工作早在2003年就启动了，伴随着厦门两桥（系指厦门大桥、海沧大桥，下同）资产置换和进出岛通道收费改革工作的进行，翔安隧道项目资金筹措工作也随之一波三折，多次调整方案。

2003年初，启动厦门东通道项目融资工作时，厦门市政府已提出拟对两桥收费进行改革的设想。为配合两桥收费改革的顺利进行，需将两桥资产从原厦门路桥股份公司置换出来作为厦门路桥集团的经营性资产。政府安排在落实翔安隧道项目资金的同时，一并落实翔安大道及水浏线工程项目资金，并明确翔安隧道、翔安大道及水浏线工程合并成为厦门东通道项目，故翔安隧道项目的融资也就是厦门东通道项目融资。当时估算翔安隧道投资31.65亿元，配套项目翔安大道及水浏线项目投资8亿元，合计需要融资39.65亿元。

▶ 2003年5月11日厦门五通航拍场景

▶ 2003年5月11日翔安西滨航拍场景

根据国家对项目资本金的要求，东通道项目需筹集 13.65 亿元的项目资本金，当时确定的项目资本金来源主要有东通道建设期“两桥”通行费的净节余 3.5 亿元、申请国债补助 2.5 亿元、申请交通部补助 1.5 亿元、申请交通战备补助 1 亿元，合计 8.5 亿元，存在 5.15 亿元的缺口，拟通过发行信托凭证的方式予以解决。

对于项目资本金以外的 26 亿元资金，当时厦门路桥集团提出了以三通道捆绑抵押，采用银团贷款、联合贷款以及质押权分割式银行贷款等三种方案。

银团贷款是由厦门路桥集团委托主办行，组织多家获准经营贷款业务的银行或金融机构，采用同一贷款协议、同一担保方式，由主办行统一向借款人发放和管理贷款，是重大项目建设融资的主要方式。

联合贷款是一种松散式的银团贷款，是多家银行联合起来，采用统一贷款协议、统一担保方式，与借款人分别签定协议并分别提供贷款，也是重大建设项目融资的一种重要方式。

质押权分割式银行贷款是把三通道（即两桥加翔安隧道）的经营权分割开分别质押、统一还贷，分别向不同的银行贷款。

考虑到未来东通道的偿债须依赖于海沧大桥与厦门大桥的收费，而海沧大桥与厦门大桥的收费同时也是海沧大桥债务的偿债来源，确定由中国银行作为牵头行有较好的延续性，同时中行在预授信额度、搭桥贷款、利率、期限、提款、还款、减免前端费、代理行费等相关费用方面均承诺给予积极和优惠政策。

至此，厦门东通道项目融资方案确定下来，各银团贷款银行份额分别为：中国银行 9 亿元，国家开发银行 8 亿元，工商银行、农业银行、建设银行分别为 3 亿元。

为支持厦门东通道建设，厦门市政府同意放开厦门路桥集团对三个通道的经营年限，在所有债务偿清前，不再对收费年限进行限制。承诺如果未来新的进出岛通道建设、收费政策调整以及因技术等不可预见因素引起的不利影响，政府将采取相应的补偿措施，以保证项目融资的偿还。

在政府信用支持下，银团评审工作得以顺利进行，银团各成员报经总行批准，在 2005 年 4 月 30 日与厦门路桥集团签订了厦门东通道项目银团贷款协议。至此厦门东通道项目银团贷款工作顺利完成。

▶ 2004 年 4 月 20 日工程可行性研究报告评审会现场办公

由于相关政策的变化，东通道项目资本金又存在不足。厦门路桥集团提出了发行 8 亿元企业债券解决东通道项目资本金的设想。

经厦门市政府批准，厦门路桥集团于 2005 年初启动了企业债券发行工作，得到了厦门市政府的大力支持，连续于2004年、2005年对厦门路桥集团增资，满足了发行企业债券的财务要求，经国家发改委批准同意，于 2006 年 6 月 20 日成功发行了 8 亿元企业债券，期限为 15 年，年利率为 4.25%，接近历史最低水平。

东通道项目 8 亿元企业债券的发行不但解决了项目资本金的缺口，同时促进了公司融资体系的完善，拓宽了融资渠道，降低了融资成本，奠定了厦门路桥集团在资本市场持续融资的基础，初步引入了有效的外部约束机制，促进公司提高经营管理水平，积极推进管理体制和机制的创新。

至此，8 亿元企业债券，2.34 亿元交通部补助，两桥收费结余及厦门路桥集团自筹其他资金，完全落实了东通道项目资本金。

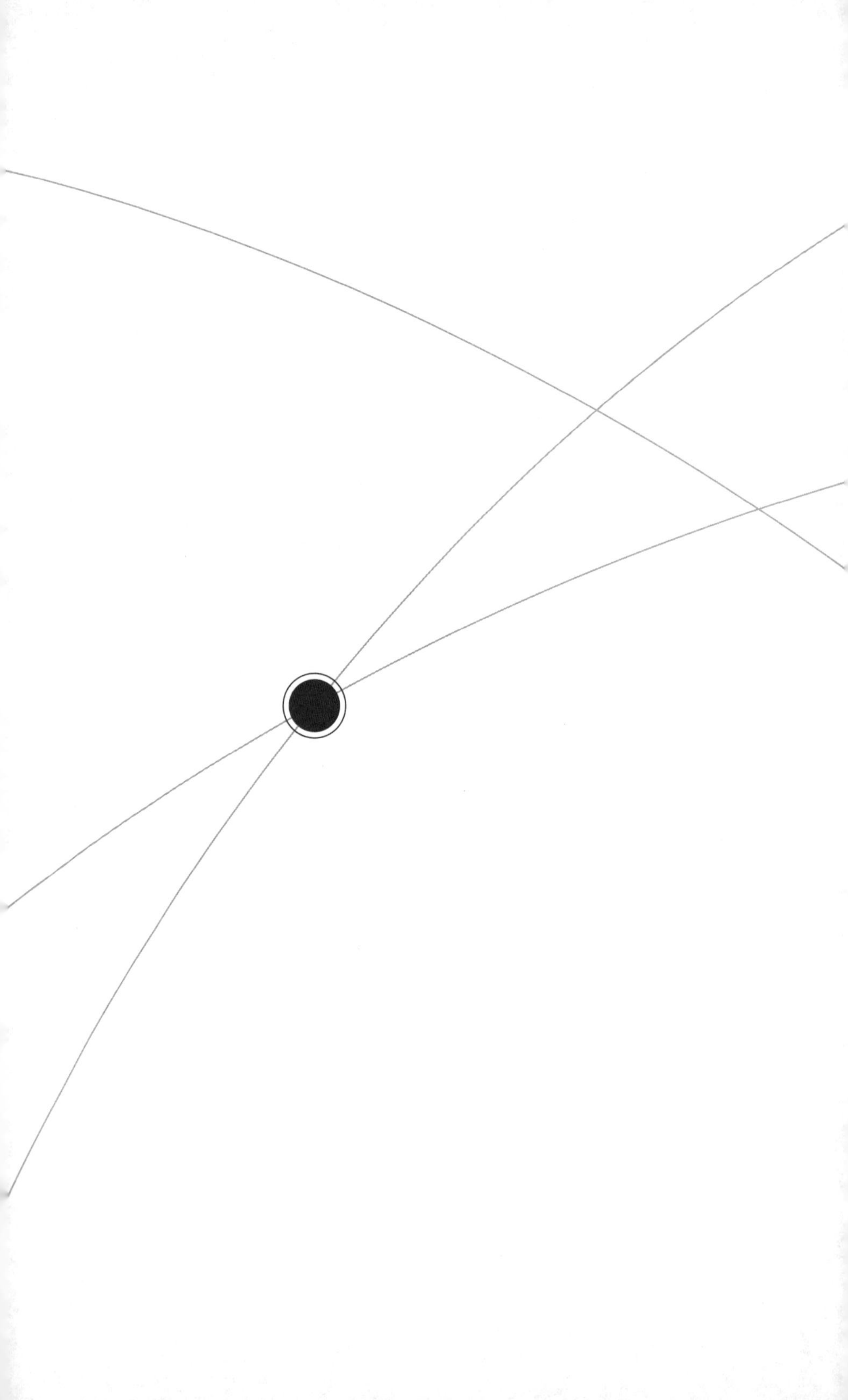

2

建设：从勘测到攻克世界难题

作为中国第一条海底隧道，翔安隧道的建设可以说是“前无古人”，可参考的经验十分匮乏。建设者们深知，在海底修建隧道，与陆地上完全不同，翔安隧道头顶的是无尽的海水，一个疏忽，便是灭顶之灾。因此，项目开工后，建设者们谨小慎微，全力应对这一“天字一号工程”。

▶ 动工典礼

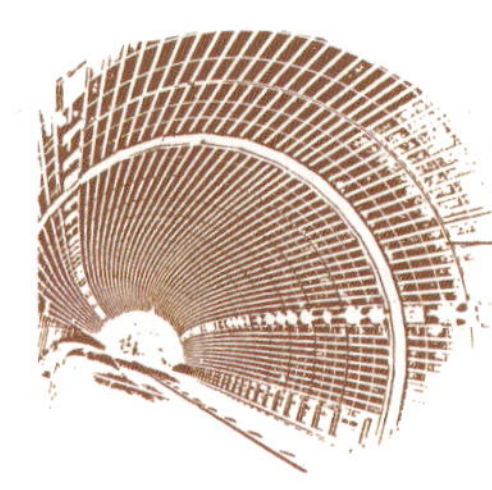

勘探工作“有疑必探、无疑也探、先探后掘”

地质勘探是工程建设方案研究的前提基础。修建跨海通道工程与地质条件密切相关，特别是海底隧道方案对地质条件成线性依赖关系。地质风险是海底隧道最大的风险源，必须全程探明海底地层结构。海底勘探的技术难度比陆地勘探更大，准确性更低。海底隧道工程实例还不多，国内更是缺乏海底隧道勘探经验。

海底地质勘察与陆地勘察看似相同，实则差别很大。由于海水阻隔，加之海水潮汐频繁、潮差较大等特点，海上勘探工作环境更为复杂，勘察工艺和参数选择完全不同，采用常规的陆地勘察方法无法准确掌握海底地质。

建设者在现有陆域隧道勘察技术基础上，针对海底隧道勘察特点，通过大量对比试验和理论研究，对勘察参数进行优化，最终形成了一套先进有效的海底隧道工程综合勘察模式，其核心技术包括海域浅震反射勘探技术、海上钻孔及跨孔地震波 CT 勘探技术、海上钻孔抽（压）水试验。其中每一个工艺和参数的获取都可谓历尽艰辛，真正是智慧与汗水的结晶。

这是一个常见的勘测场景：勘探人员或泛舟海上，或徜徉在海岸边，他们并不是在休闲，而是调查一项项的数据：隧道附近水域常水位、潮水位、水面宽、水深、流量、流速、水质、含砂量以及地下水与地表水补排关系和随季节变化规律等情况；查明隧道通过地段的含水层、隔水层分布规律，岩层厚度、岩性、结构、构造特征；所受地表水压力、方向，地下水类型、补给、径流、排泄条件等。

▶ 动工典礼

前期阶段累计完成海、陆地震勘探剖面总长约 166 公里，海上钻孔 105 个、陆上钻孔 67 个、

PS 测井 14 孔、抽水试验 20 孔、压水试验 20 孔，以及大量的现场和室内试验工作，完成测图面积约 18.55km^2 的海底地形测量以及测绘面积达 25km^2 的地质平面图。

这些勘探工作异常繁琐，但却能直观地让建设者了解他们将会遇到哪些难题。比如，从钻孔中取得的土样，显示了地质情况，这些岩（土）芯，取出后就被立即装箱、拍照，再送到专家会上一同研究。

在专家的眼里，这些硬岩石、烂泥巴、黄泥水的岩（土）芯，都透露出很多信息。“这可以帮助我们准确地判断出软弱围岩与断层破碎带地段的分布状况，全、强、弱、微风化层的界线，岩土体的物理力学性质以及地下水的影响等。”曾超说。

专家们边看边讨论，他们脸上的表情也随时变化着：“这个是全风化岩……这个也比较难，强风化了。”用通俗的方法来解释，全风化岩是一种极其松软的土质岩，锤击有松软感，出现凹坑，岩芯用手可捏碎；而强风化岩则十分酥、碎，用镐撬可以挖动。在这样的岩层中建设隧道，难度可想而知。

当然，最令专家们关注的勘测数据，还是翔安隧道需要突破的最难点——海底风化深槽，这是海底岩层因风化作用形成的深坑，就像一只嵌在岩石中的 V 型水缸，下半部装满了淤泥沙石，它竖直地嵌入岩层，与海水相通，一旦施工不慎，就像在几十米的海水压力下把隧道撕开了一个口子，整条隧道都有报废的危险。

在 2003 年 3 月至 5 月的初步设计阶段地质勘察中，发现了几处大的风化槽。“我们在这些风化槽的外侧，共布置了13个钻孔，以2m的间距，进行取样、试验，累计进尺765.5m。”曾超说，“经钻孔验证，强风化层深厚，部分岩芯可见密集的高角度裂隙及碎裂特征，说明施工的难度将极高。”随后，这些风化槽被命名为F1、F2、F3风化槽和F4风化囊。

跨海的部分比较难，然而翔安隧道两端的勘察结果也不容乐观：五通一侧，是全强风化岩层，而翔安的刘五店端，则是透水砂层。

从设计方案看，翔安隧道主洞为三车道隧道，建筑限界净宽13.5m，净高5m。最大开挖跨度达17m，最大开挖高度超过12m，最大开挖断面积达到170m^2。这样大的一个隧道，除非一直都在非常完整、坚硬的岩层中挖掘，否则，一旦碰到软弱地质，便很容易出问题。不巧的是，无论是五通侧还是刘五店侧，地质情况都不甚良好。

于是，在还没正式挖掘之前，翔安隧道的五大施工理念便已出台：“突出治水、动态施工、爱护围岩、内实外美、重视环境”。

“这十分关键，我们既然要第一个吃螃蟹，就必须把它的品性摸透，做到知彼知己，心里有数，不打不准备之战。”时任厦门路桥建设集团总经理黄灵强说，“因为从一开始，翔安隧道建设就不允许失败，它的风险太大了。无尽的海水，是悬在我们头上的利剑。”

以上五大理念，一直贯穿在翔安隧道的整个施工方案、工艺和方法之中。

“有疑必探、无疑也探、先探后掘”是翔安隧道超前地质预报原则最直观的解读，其目的是做到“前方地质心中有数、施工方案有的放矢”。翔安隧道综合应用了世界先进的地质勘探技术和设备，其中包括距离为100米至150米的TSP地震波探测、10米至30米的地质雷达、红外探水、海底段全程水平探孔直接取芯、掌子面地质素描等等，这些综合超前地质预报技术，犹如“透视眼”，将前方百多米内的地质情况查看得清清楚楚。

曾超介绍：“地质预报相当于医院CT检查，主要使用了地球物理勘探、钻探、测试、抽（压）水试验等多种方法。其中，地球物理勘探采用地震波反射法，进行纵向(东北向)、横向(东南向)网状物探；水平钻探通过若干个钻孔，要从掌子面往待开挖的前方钻芯取样最长70米；同时要对岩体进行各种测试，以了解岩层中的地下水情况与地质情况。”

值得一提的是，翔安隧道在设计中，还在左右两个行车隧道之间，设计了一个孔径较小的服务隧道。一方面，其可以作为市政公共管廊和救援应急通道，另一方面，利用小断面超前开挖，在施工中起到了“地质先导洞”和“试验洞”的作用，为后续大断面主隧道施工提供重要参考。

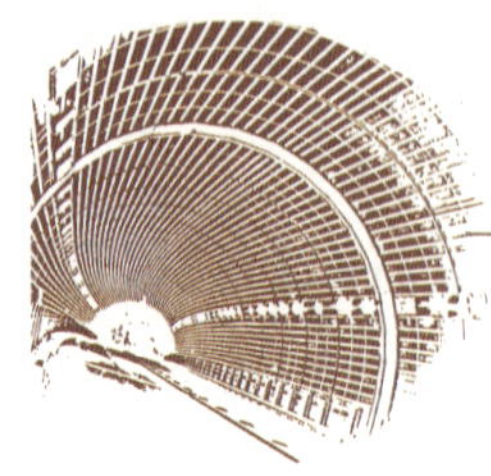

攻关全强风化土层与透水砂层

2005 年 12 月，厦门的天气转凉。厦门岛的最东侧，一个名为高林的小村落旁，风从海面上吹来，寒意十足。而在附近的翔安隧道施工现场，原本安静的水塘农田区域，却人声鼎沸，聚集在此的各种机械设备将现场的温度也直线拉升，一派热火朝天的景象。

▶ 施工难点与措施

“我们正在攻克第一道难关。”翔安隧道五通端项目经理王学斌，一身工作服，脚踩雨靴头戴安全帽，站在泥泞的隧道口旁。他身边的工人们，正在把一根根钢管打到土层断面里面去——钢管以一定的间距环向布设，形成钢管棚护，这也就是所谓的“管棚”。

这是翔安隧道刚一开工就碰到的技术难题：全强风化土层。翔安隧道厦门岸陆域浅埋段总长6244m，埋深5—17m的浅埋段占陆域总长度的80%以上，地质为全、强风化花岗岩，为V级围岩，属超浅埋、浅埋隧道。

V级围岩，也就是类似泥土的松软土质，在这当中开挖一个跨度为17.5米的三车道大断面隧道确确实实是一大挑战。相比之下，单洞两车道隧道较为常见，考虑到实际的需要，翔安隧道设单洞三车道。别看只是多了一个车道，好比原来是一个立着的鸡蛋，现在改为平放，所能承受的压力就大不一样。

这样一个大洞，怎么挖才能不塌？如果全洞一次性开挖掘进，很可能这边挖那边塌，怎么也挖不出一个洞口来。同时，大断面带来的土层压力也不一样，用钢支架撑上去，沉重的全强风化层压下来，两车道的隧道可能只沉降20厘米，而三车道可达50—60厘米。

工人们要先往断面的土里面打钢管，组成管棚，相当于在土里埋下了“骨头”，然后再把水泥浆，从经管壁孔压入围岩裂隙中，使松散的土质胶结、固结，这样，掏空管棚下面的土才不会塌方。

除了依靠管棚进行强支护外，工程人员在挖掘中，还采用了CRD四部工法和双侧壁导坑法施工。

CRD 法，即将大断面隧道分成 4 个相对独立的小洞室分部施工，并遵循“小分部、短台阶、短循环、快封闭、勤量测、强支护”的施工原则，自上而下，分块成环，随挖随撑，及时做好初期支护。

使用了 CRD 法的施工场面是这样的：在一个圆形的隧道中，一个大断面，被分割成 4 个小洞室，每个洞室里都有工人们在忙碌。远远看起来，就像是“蜂窝”的一个部分，尤其是在灯光的衬托下，这个场面颇有感觉，像是一幅“四格漫画”。

而双侧壁导坑法施工，能够控制地表下沉，保持掌子面的稳定，安全可靠。其原理是：利用两个中隔壁把整个隧道大断面分成左中右 3 个小断面施工，左、右导洞先行，中间断面紧跟其后；初期支护仰拱成环后，拆除两侧导洞临时支撑，形成全断面。两侧导洞皆为倒鹅蛋形，有利于控制拱顶下沉。

这两种办法都是将大断面分解成若干个小断面依序进行挖掘与支护，松软土层的压力得以巧妙分解。

“使用这种方法后，原本在同类土质情况下每天只能前进 1 米，而翔安隧道则能够达到每天 1 — 1.5 米，与国内类似工程相比，其进度是相当快的。”王学斌介绍，“为加快进度，我们在隧道两端的浅滩地段修筑了直径约 100 米的人工岛，从上往下开挖竖井直至主洞处。挖一个井增加了两个作业面，施工方就能从土层两端同时掘进。”

而且，这两个竖井，还将成为隧道的通风井。

竖井的施工也是十分有难度。首先要依靠人工、机械，在人工岛上垂直往下挖井，但这个井的直径不小，挖起来不是那么轻松。而且到达一定深度后，工人上下井就成了问题，得沿着井壁修建楼梯；同时挖的越深，机械入井和洞渣出井也是难题，但在工人们的努力下，隧道在地下看不到的地方，一点点地延伸……

井下的施工环境也很难受。2006 年的夏天，厦门的地表温度达到 35 度以上，由于在地下施工，通风只有竖井这一个口，井内设备机械作业发热，混凝土凝固水化热等，使得竖井内部的温度更高，足有五十多度，堪比蒸桑拿。沿着楼梯往下走，足足有三四十米的深度，井壁四处滴水，泥巴也多，一身干净的衣服能在瞬间变得满是脏污，所以工人们基本都光着膀子干活，任由汗水和泥水在身上流淌。

“再难也得克服，不这样增加工作面，光靠两边对打，进度跟不上。”王学斌说。

海底隧道主要从两端对挖，工作面相对少，独头作业距离长，效率低、工期长。加上翔安隧道的三大工程难点，地质条件差，施工工序复杂，施工速度慢，且海底硬岩段存在多处破碎带，施工难度比预想的要大，导致工程进度比计划有所滞后。在施工过程中，通过增设斜井，利用竖井，服务隧道超前等措施，加大人员及设备等投入，增开工作面，最多的时候整个翔安隧道有 14 个掌子面在同时开挖，最大限度实现了长洞短打，有效地保证了工程按计划完成。

▶ 通风竖井

竖井施工也伴随着风险。2006 年 6 月 9 日晚，竖井施工到地下 15 米时，已进入砂层段表面。施工中，作业人员发现底部有涌水出现，当即采取了封堵措施，准备继续施工。得知情况后，中铁一局集团有限公司翔安隧道 A4 标项目部常务副经理吴驰赶到工地，要求现场马上停工，撤离竖井内的人员，并在工地上一直坚守，赶在天亮前将井内大型机械设备全部撤出。

这一判断非常正确。中午时分，竖井再次发生险情，这一次涌水涌砂势头远比第一次迅猛，地下的水柱夹裹着大量泥沙喷涌而出，井内淤砂不到 10 分钟就上升了 6 米多。“事后大家回想起来都感到后怕，如果当时不及时撤离井内人员和设备，后果将不堪设想。”吴驰说。

中铁一局集团厦门海底隧道项目部工程部部长李治军也对这次抢险印象深刻：“翔安隧道施工中抢险不下 20 次。这算是我印象最深的一次。在场的人都怔住了，都没见过这么大的涌砂场面。说实话很紧张，不过，这次抢险也让我们摸索出‘浅滩砂层大直径竖井施工工法’。”

除了技术难关，在翔安隧道两端，还要克服天气带来的影响。由于厦门处于东南沿海地区，从 5 月到 10 月，都属于台风季，这给施工带来了不小的麻烦。

2006 年 5 月 18 日，台风“珍珠”带来的暴雨袭击厦门，因五通隧道口周边村庄防洪标准过低，凌晨村里的排洪渠发生决口。

刹那间，雨水汇聚成一条小河，朝着地势较低的翔安隧道奔来，不断倒灌进正在施工的隧道。当时隧道施工正处于土层地段，特别需要干燥的环境，而浸水后掌子面极易发生坍塌导致隧道失稳。

这时，项目突击队立即启动紧急预案，组织施工人员撤退到安全地段，同时调集经验丰富的上百名职工，组成抢险队伍。

“虽然说是抢险，但指挥部非常紧张，毕竟现场的抢险队伍是几百人，他们的生命安全是第一位的，如何在让他们安全的同时，保住隧道，这需要非常冷静的判断与指挥。”曾超回忆。

在完善的预案面前，各项抢险指令开始有条不紊地下达。首先是堵水。一部分抢险人员在相对安全的地带，依靠施工机械和沙袋，堵住洪水，同时，另一部分人使用事前就准备在工地的各种水泵机械，迅速抽水排涝，清理和加固隧道。经过几个小时的奋战，隧道施工面安全保住。

“这次成功的抢险，让我们意识到，现场预案和各种抢险物资

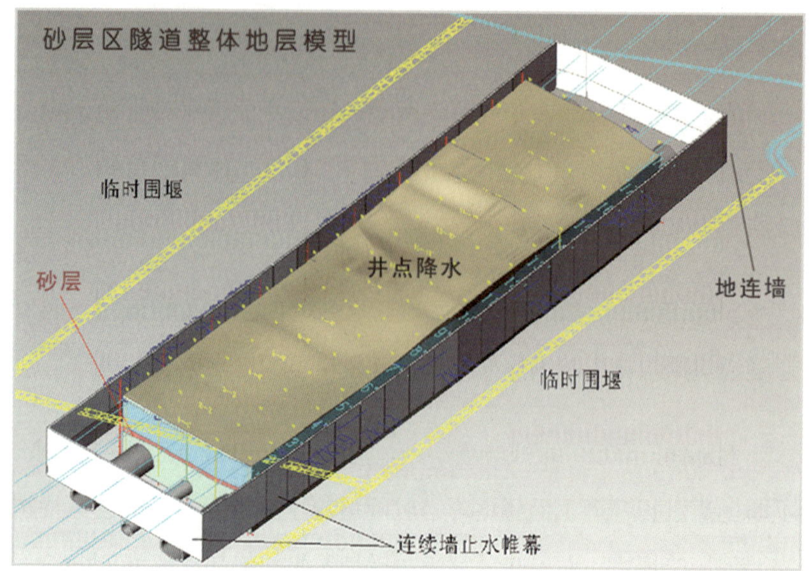

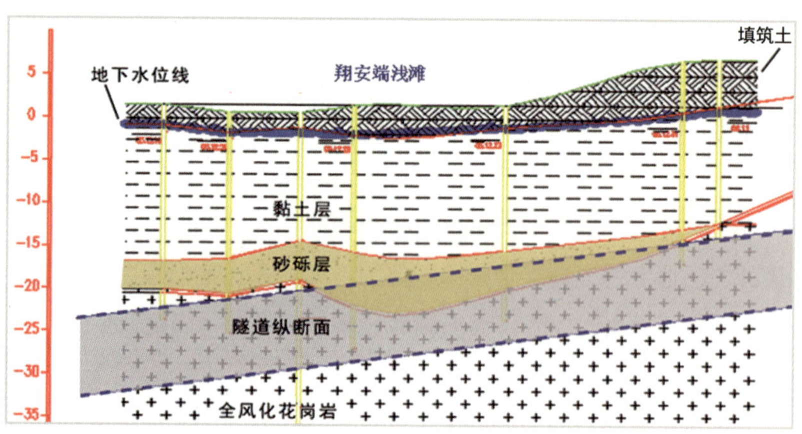

▶ 左线隧道砂层影响范围纵断面图

的完备程度，直接决定抢险效率与成功率。”曾超说，“台风过后，项目部继续加强了隧道周边防洪和防台抗台措施，随后又经历了多次强台风，均未造成损失。”

在翔安隧道的另一端，也就是刘五店一侧，翔安端项目经理苏文德的日子也不好过：他碰上的难题是富水砂层。

翔安端海域浅滩段有约 600 多米长的富水砂层，经过勘测，右线隧道有 205m、左线隧道有 196m，砂层直接侵入隧道开挖作业面，侵入砂层厚度 0—6m 不等。

富水砂层，简单来说就是含有丰富海水的砂土层。在翔安一侧的海域，从海平面到隧道施工位置，共分海、淤泥、黏土、富水砂层、岩层等几层，一般来说直接在岩层中挖掘是最好的，但隧道的坡度和走向已不允许再向下，只能直接挑战富水砂层。

沙子和土有着本质的区别。沙子中缝隙大，留不住水，更挡不住水，同时，一块巨大的砂层，就像是一块海绵，自身充满了海水。“简单说就是沙子，或者是沙子和一些小石块。”苏文德指着钻孔里提出的岩芯样本。“你看，一半都是海水。这说明，富

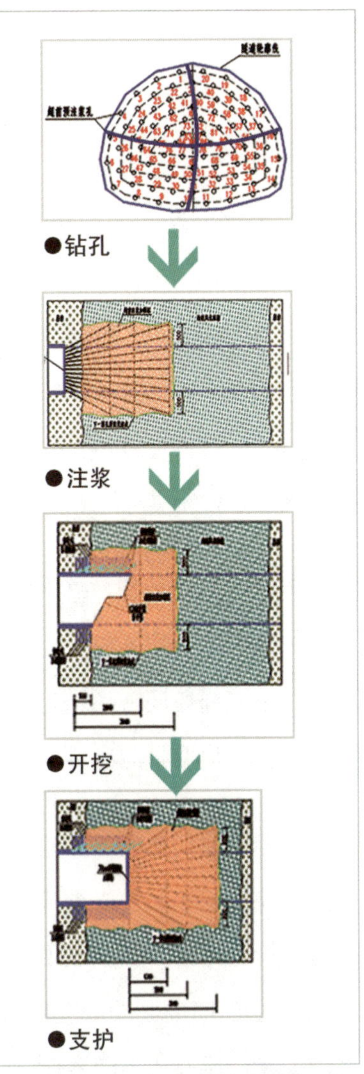

▶ F1 风化槽全断面帷幕注浆

水砂层的渗透性非常好，与海水直接连通。”

显然，硬挖绝对不行，隧道的挖掘无法在又有水、又很软弱的地质中开展，一旦发生突水涌砂将对整个工程造成灾难性的后果，必须对富水砂层进行技术处理。

▶ 风化槽探孔出水

但是，怎么处理，怎么才能把水抽干净？直接拿水泵抽可是抽不光的，因为砂层连着大海。第一次挖海底隧道，负责攻关施工的中铁二十二局海底隧道项目常务副经理胡文涛说：“没有任何经验可以借鉴，他们只能靠科学试验说话。”

首先，他们想到了用高压旋喷桩，从砂层的表面往下打桩，看看能不能把砂层压得“密实”一点。他们经过十几组试验，并依次取岩芯检验结果。试验发现，旋喷桩已经达到加固地层的作用，但堵水效果还不明显，这主要是因为砂层中的水受潮汐影响具有流动性，最终，该办法不能胜任。

问题必须得以解决。“我们就想，这个施工的区域不是特别大，几百米距离，宽度也有限。既然我们直接抽，抽不光里面的水，那么，能不能把这个区域整个隔离起来，然后再把里面的水抽干？”苏文德说。

这就是“地下连续墙 + 井点降水”方案。专家们经过讨论认为，地下连续墙能够起到切断海水对砂层的补给通道，降水井则能够疏干砂层中的水，使该区域满足隧道施工要求。

说干就干。工人们在一脚水一脚泥的滩涂上，开始打桩作业，把一道道混凝土墙打到地下。这些地下连续墙厚 60cm，一点点地将整个砂层段分隔成仓。

之后，工人们开始设置降水井分期抽水。这片区域，一共打了 189 口深井，砂层中的水便沿着砂粒间的缝隙流入这些井里，接着被抽离。

抽水期间，苏文德每天派专人定时观测降水井并记录井水位变化情况，汇总整理后及时分析，指导施工。他们发现，水抽慢了不行，一旦发现降水井水位下降缓慢或者不下降，就在内侧加密降水井和采用大功率水泵抽水；快了也不行，一个地方干透了，附近的水会转移过来，形成扰流。

这项施工一共进行了数月。当确认封闭区域内降水井的水位低于砂层底面标高时，建设者们齐声欢呼：“总算能挖隧道了！”从开挖的情况看，除局部因砂层处于 V 型低洼谷底有少量渗水外，大部分较干燥。地下连续墙 + 井点降水法的施工方案最终获得成功。

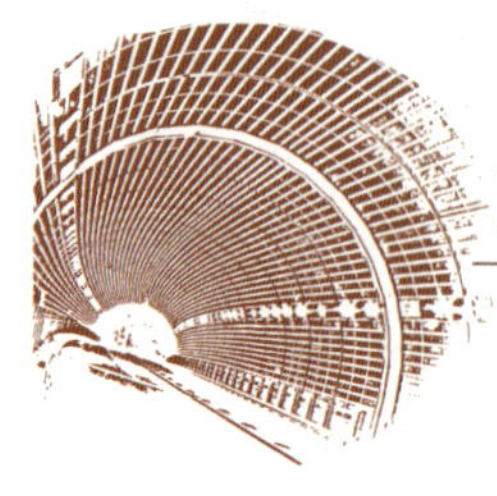

攻克世界难题 海底风化深槽

伴随着一声闷响，一股强劲的冲击波从深邃的隧道中传出，施工车辆的玻璃都被震得哗哗直响……翔安隧道的挖掘方法为钻爆法，俗称“打眼放炮”，这就涉及到爆破施工。同样，爆破施工也需要一定技术。

“无论什么时候，我们都要想着，现在是在海底施工，做这件事的时候可能会带来怎样的后果。”曾超说。

钻爆法施工有一个缺点：爆破震动会对隧道围岩产生扰动，当隧道围岩受到爆破扰动时，在隧道周边会产生一定厚度的围岩松弛圈，使得围岩的抗渗性及支撑能力大大降低。尤其是翔安隧道需要通过几个断层破碎带，如果采用的爆破方案和爆破参数不合理，一炮下去，真的不知道出来的是水还是岩石，海水倒灌进隧道，后果是灾难性的。

当年，日本人挖青函隧道，也曾出现过这样的事故，大量的海水涌入隧道，造成人员伤亡和堵水难题，进被淹的隧道勘察情况，还得依靠蛙人。日本人为了能够挽救这条隧道，硬是在主洞旁边挖了一条隧道，绕到出事点，再通过技术手段堵住涌水点。在这个过程中，仅是排水，就用了 150 多天。

所以，制定爆破施工方案就显得尤为重要。翔安隧道在施工中，在控制爆破方面颇为用心：比如，他们采用光爆层光爆技术或预裂爆破技术，以减少围岩松弛圈的厚度；采用减震爆破技术，以保护隧道围岩结构的稳定性。同时隧道开挖时进行爆破震动监测，及时反馈信息，调整爆破参数，减轻爆破震动效应，从而确保隧道施工安全。

采用炸药量的多少也是学问。翔安隧道建设中还引入了微差起爆。这种爆破方法就是将爆破的总药量，分组以毫秒级的时间间隔进行顺序爆破。大量的试验研究表明，在总装药量及其他条件相同的情况下，微差起爆的震动强度要比齐发爆破降低 1/3—2/3。

为了不影响海域周边的保护动物，建设者也严格检测水下爆炸噪音。比如，每次爆破前，海上的施工人员驾驶小船，通过一种特殊的声纳仪器，驱赶周边海域的白海豚，这种仪器能够发出白海豚不喜欢的声音，让它们暂时远离施工周边，以免被爆炸噪音伤害。

相比起全强风化土层和透水砂层，翔安隧道的最难点当属风化

▶ 精心测量

▶ 海底风化槽作业

▶ 对断面进行注浆加固

深槽（囊），其甚至被看作是翔安隧道能否成功建成的关键所在，是名副其实的“拦路虎”。

2007年2月7日，是所有建设者最难忘的一个日子——翔安隧道A1标面临世界性难题：风化深槽。“面对这种世界级难题，我们没有工程先例和成功经验可以借鉴，只有坚持自主创新、开展科研攻关，边摸索边总结。可谓摸着石头过河。”黄灵强说。

前面说过，海底风化深槽，是海底地质结构中极为复杂的现象。指的是因为长年累月的岩层风化而形成的深坑，竖直地插入岩层，与海水相通。如果说的通俗一点，风化深槽就是连通海水的烂泥及土砂石交织层，极不稳定，且透水。隧道要从这些嵌入岩层中的复杂地质体中穿过去，稍有不测，无涯无羁的海水就会挤进狭窄的隧道工地，工程就有可能全部报废，而且还可能造成惨重的人员死亡事故。

“在勘探初期，我们就想过风化深槽施工的难度一定很高，实际情况发现，比想象的还要难。”率先挺进风化深槽的施工单位中国中铁隧道股份有限公司A1标项目常务副经理孙振川说。这个平时粗放硬朗的西北汉子，几乎24小时驻守在最前线，担当起翔安隧道打头阵的尖兵，做着“这辈子最细致的一个活”。

随着建设进入难关，施工不确定因素增大，随时有可能发生意外情况，翔安隧道的青年突击队，主动提出加强风化槽施工期间的值班，保证任何时候都有突击队队员在现场，以便及时发现问题、解决问题。

队伍里有一名突击队队员是厦门本地人，家住在市区，完全可以每天回家一趟。可是自从攻坚战开始，这名队员就吃住在工地，长期驻守在环境恶劣的现场，一个星期才回家看一次。还有一名队员，来自四川，他几乎把所有的时间都用在了施工现场，来厦门两三年，竟不知道厦门市区是什么样的，可谓心无旁骛。

在翔安隧道建设现场的员工宿舍里，你经常可以看到这样的场景——下了班的工人，吃过饭洗过澡之后，穿上干净的衣服和衣而睡。“这样做是省去穿衣服的时间。万一睡着了之后有紧急情况，我们可以第一时间冲到现场。”工人们笑着说。

翔安隧道风化深槽开挖

有这样的一支队伍，可以攻克最险峻的难关。

王学斌记得这样一幕：在

海底F1风化槽探孔施工中，为了查明前方情况，他们朝掌子面前方打了一个探孔。“当探孔施工达到二十多米深时，突然‘砰’的一声，高压水柱直直地从孔口管喷射出来，都是咸咸的海水。”王学斌对当时的场景记忆犹新。

▶ 成功通过F1风化深槽

高压水柱在黑色的隧道中如同一条银白色的带子，流量大大超过设计预估量，难以及时排水，而且水压太大，必须立即堵水。现场施工人员立即按施工规程关闭孔口防突阀门，水柱止住了。

“但马上又发现了新问题：掌子面在渗水！”王学斌说。这个现象表明，海水通过钻孔和裂隙渗透到掌子面，如果不及时加固，很可能掌子面因无法承受高水压而坍塌，如果那样海水会在极短时间内把隧道淹没，施工人员都难以逃出。

▶ 翔安隧道五通右洞正在进行风化槽开挖

看来这些水还真的不能随意“憋”回去，得边放边堵。施工方分析研究后决定，部分打开孔口，泄压一部分，然后紧急布设大功率抽水泵，将水抽出隧道，同时立即加固掌子面，几十分钟后，这种抢险方案起效，险情很快得到稳定。

▶ 工人们使用小型注浆设备对断面进行加固施工

这次事故，也给了建设者更多的思考，海底风化深槽施工总体思路被确定：想要安全通过风化深槽，要对隧道穿越风化深槽段进行预注浆堵水，加固围岩。快支护、早成环，直至通过风化深槽；开挖以人工和小型机械为主，必要时弱爆破，严防对围岩产生大的扰动。开挖过程中严格按设计要求做好超前管棚支护和注浆加固。

厦门翔安隧道安全总监吴仕书说，这叫“慢工出细活”。

隧道施工“怕软不怕硬”，为了能让隧道在风化深槽中硬起来，建设者最终决定使用“全断面帷幕注浆技术”。这种技术简单地说，就是往泥巴里注射快干水泥浆，使烂泥、碎石板结成与岩石硬度相当的水泥块。当硬度符合标准后，再进行开挖。

2007 年 2 月 12 日，注浆工作正式开始。注浆使用的水泥，不同于普通的水泥，是一种复合型材料，凝固快，堵水效果好，价格

▶ 对隧道进行支撑加固

▶ 风化槽钻孔作业

是普通水泥的 7—8 倍。这些特种水泥浆慢慢注入由烂泥、碎石混合而成的风化深槽中，一般在几个星期之后，它们就会逐渐固化，将海水隔绝。

从 2 月 12 日到 10 月 27 日，足足花了 8 个月，注浆深度仅为 55 米。紧接着，施工人员怀着忐忑的心，慢慢挖开了第一循环的风化深槽。“结果呈现在眼前时，现场鸦雀无声。所有人都激动得说不出话。”王学斌说，“眼前的掌子面，能清晰地看到水泥已经凝固在破碎的岩层中，好像五花肉一样；用手摸一摸，坚如磐石。”

收集数据十分关键：从开挖揭示的情况看，注浆段内，0—5.5m 比较干燥，无水，地层内含浆脉较多，注浆效果较好；开挖至 5.5m 时，掌子面拱顶偏左部位有少量滴水，中部出现湿痕，进入含水交界面；开挖至 11m 时，开挖面基本能自稳，但掌子面左上侧出现较大渗水。

“这个时候的渗水流量达到 0.6m^3/h，为了保证隧道开挖的施工安全，做到万无一失，封闭掌子面，进行小导管补充注浆后，继续开挖，最后顺利开挖至 18m。”曾超说。

8 个月，18 米，这是第一循环的进度，几乎相当于用手在抠土的速度，但收获却是巨大的。

首先，施工工艺获得了成功。最初往风化深槽打钻孔时，出水量是50m^3/h，后来变成了0.6m^3/h。这相当于把开挖的风险降低了百倍。通过技术检测，证明了全断面超前预注浆技术的可行性。

其次，施工速度缓慢也可以改善。最开始，施工采用小型钻机配作业台架+注浆机组。但由于钻孔数量多，钻孔和注浆工作量大，交叉作业，相互干扰，地质条件复杂，设备损耗大，因而要求钻孔注浆机械配套要系列化、多样化、自动化、高效化。

为了保证安全和质量，翔安隧道不惜一掷千金，这次，他们投入了 600 万元一台的“卡萨”牌钻注一体机。不过，效率提高反倒降低了成本，经过优化，帷幕注浆的长度可达到 45 米，注浆孔数仅 150 余孔，注浆时间仅需 1 个月，既保证了施工安全，又提高了施工效率，且节省投资上千万元。

施工中，各方都付出了辛勤劳动。翔安隧道刚开始施工时，正是天气最炎热的时节。在激战海底的过程中，他们头顶汪洋大海，

▶ 施工场景

脚踩盐渍泥水，面对洞内四十度左右的高温，每天坚持在施工作业面辛勤劳动。那高性能的混凝土水化热能，将渗入隧道内的海水蒸发成带盐的气体环绕逐流，而建设者自身体内的热能也不断向体外释放，汇集在皮肤表面形成汗珠顺直下流，流到腿部、流入脚上穿的统靴里集积。当一个班，建设者要从统靴里倒三四次、总量大约1000毫升的汗水。

中铁一局集团厦门海底隧道项目部工程部部长李治军2005年8月来到厦门，当时项目部还没建起来，他和同事在新店的一个旅馆暂住了一个多月，后来就一直居住在位于翔安端左侧项目部的板房里。虽然对鼓浪屿很是向往，但五年来他却少有机会去游玩。

中铁二十二局集团厦门翔安海底隧道项目部工程部兼科研部部长黄明琦介绍，该集团负责的厦门翔安海底隧道左线隧道2、3号掌子面之间的风化槽长达123米。“风化槽越长，施工压力越大，开挖的那一年多时间里，没有一天睡得好，总是半夜惊醒。”

通过建设者的智慧和汗水，天堑变通途：F1的第一循环左线隧道A1标，注浆时间从2007年2月12日开始，10月27日结束，耗时8个月；采用新方案后，第二循环注浆深度48米，耗时缩减为1个月。

工程建设过程中经验和智慧的结晶，较好地解决了国内第一条海底隧道建设关键技术问题，为翔安隧道的成功修建提供了可靠的技术保障，取得很好成效，也有力促进了国内海底隧道修建技术的进步和发展，成为极为宝贵的财富。

战胜了风化深槽，隧道建设可以说成功了一半。2009 年 6 月 13 日，克服了 4 条海底风化深槽的翔安隧道右线率先全线贯通，同年 10 月、11 月，服务隧道、左线隧道相继贯通。

最后一爆，是在 2009 年 11 月 5 日。当天的贯通点，在隧道的 2300 米处，也是隧道的最深处，距离海平面 70 米深。为了能够顺利炸开最后一道掌子面的上半部分，工人们准备了 24 公斤炸药。下午 4 时，随着一声沉闷的巨响，岩石散飞，尘烟弥漫，爆炸产生的冲击波扑面而来。浓烟散去，掌子面被炸开一个缺口，从这里，透过了光亮。

▶ 翔安隧道左洞贯通，施工单位在隧道贯通点举行简易的欢庆仪式

从两侧对打隧道的工人们，扛着旗帜冲上前去，激动地握手、欢呼。他们中的许多人在过去的几年中每天都在做着同一件事情，但却从来没有见过对方，而贯通这一刻，似乎没有穷尽的黑色掌子面消失，迎面而来的是陌生而又熟悉的面孔，心中的感慨自然万千。

重视安全质量，翔安隧道创造“零死亡”

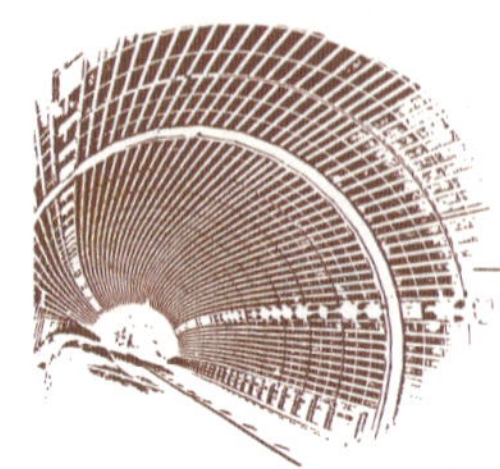

安全施工“零死亡”

翔安隧道建设工程，最多的时候，有 4000 多名建设者在里面施工，如此之大的工程，又是在极为复杂危险的地质条件下进行，在安全生产上却创造了又一个典范：“零死亡”纪录。

人的生命是最宝贵的。从这方面看，翔安隧道工程无愧是经典之作。

经历过翔安隧道建设工程的人们，都有这样强烈的感觉：这是唯一一个没有工期的工程。在翔安隧道施工的过程中，从来没有一个领导或部门来催促工程的进度。这一工程原来计划是 4 年完成，后来遇到风化槽地质结构，施工进度很慢，但也没有一个人来催促。结果比原计划延长了 8 个月。时间是什么？人们曾经说过，时间是金钱，在翔安隧道施工建设过程中，时间是生命。没有比人的安全更为重要的事情了。

▶ 勘测工作

翔安隧道工程一开始，就确定了著名的 24 个字的指导思想：“安全高于一切，质量重于生命，防患胜于补救，责任重于泰山。”字字句句质朴无华，却有千钧之重！

早在工程前期研究阶段，即针对海底隧道施工重点、难点、特点，以系统的风险评估为重心做好安全管理筹划，多次组织国内外专业咨询机构和专家进行研究论证，编制形成《翔安隧道工程风险评估与分析报告》，为安全风险管理奠定扎实基础。

这是以人为本，更是科学发展观的要求。

安全来自严密的组织和队伍。翔安隧道工程上有领导小组，具有建设海沧大桥等大量工程建设经验的副市长亲自担任领导小组的组长。施工的具体组织实行指挥部制，厦门路桥集团有限公司的总经理任指挥长，还有副指挥长，有严格的责任制。

此外，在施工过程中，中国科学院孙钧院士、张楚汉院士、宋振骐院士等都先后应邀亲临指导，为解决疑难和关键技术出谋献策。

各施工单位实行全国招标，招标过程实行“公平、公正、公开和诚实信用”的原则，工程招投标阶段，结合国内山岭、江河隧道施工技术，针对本项目特点，编制了专门的《工程安全施工手册》，对工程的各种环境、各个阶段、各个环节和各道工序安全要求，安全注意事项和处置措施制定了翔实的规定，明确了近乎苛刻的四个“组合条件”，标选国内隧道技术力量最为雄厚、经验最为丰富的施工队伍。中标前来参加施工建设的队伍，都是来自全国的精兵强将。

坚强有力的领导、出类拔萃的专家团队和训练有素的施工队伍，为安全施工提供了重要的条件。

施工开始以后，安全施工监管理念始终贯穿于全过程。施工队伍认真贯彻落实“安全第一、预防为主、综合治理”的安全生产方针，真正做到“严格标准、严格工艺、严格纪律”。

在安全监管上，形成了一个全新的组织形式和制度：业主单位专门设立了安全施工监督管理办公室，简称“安监办”，专门配备了有安全施工经验的专家负责安全施工监管工作。

“安监办有‘一票否决权’和奖励处罚权。”安全总监吴仕书介绍，“只要有安全隐患，安监办一票否决，施工单位必须返工整改。这项内容在施工前期，就已经作为安全管理办法正式纳入招标文件之中。”

尤其值得一提的是，在各级安全监管组织中一共配备持有国家各部《安全生产考核合格证书》的安全管理人员 76 人，其中高级工程师 11 名、工程师 23 名、经验老道的技术工人 34 人，安全记录档案员 8 人，另外，各个施工单位项目经理向施工班组直接委派兼职安全员 54 名。这些安全施工监管人员在具体安全工作中铁面无畏、监督认真、管理严格、要求具体，真正起到了安全卫士的作用。

这是一个全新而有序的安全监督网络：由业主、监理、施工三级单位组成安全监管机构。各单位配备专（兼）职的安全管理人员达 96 人。认真细致地从事这一工作，各司其职，不放过一个死角和细节。

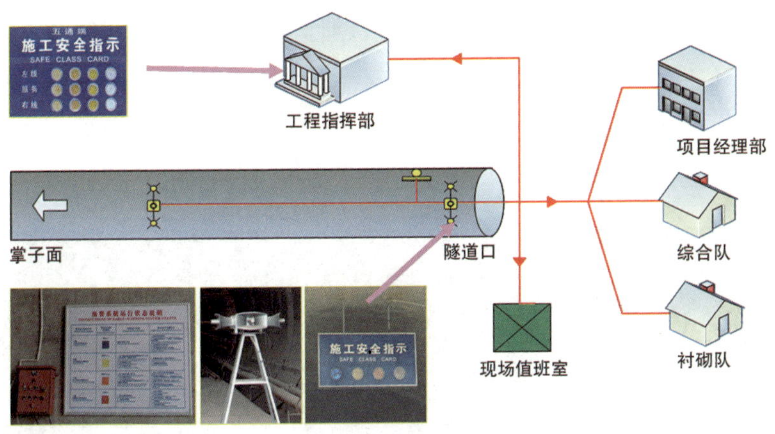

▶ 安全预警系统

安全不仅是观念，还需要有必要的技术支撑和保障。科学而超前的地质预报，为制定安全技术和施工方案提供了重要的依据。吴仕书介绍：“在不良地质段施工的过程中，严格按照‘短进尺、弱爆破、快喷锚、强支护、勤量测、早封闭’原则组织施工。对注浆效果和专项施工方案组织专家严格评审。”

翔安隧道内还特别安装防突水装置和安全防水闸门、钻孔防突水装置，配备充足的抽排水设施、抢险机械设备、救生衣、沙袋、方木等应急救援物资，构建了洞内外安全保障硬件条件。由于有了这些措施，即使偶然出现了险情，也得到及时的遏制和消解。

把对海底隧道风险的担心，通过一组组具体措施，融在施工的每个环节中。

在隧道内，四处都能看到摄像头和一些特殊的设备——这是现代化的应急报警系统和安全指示预警系统，随时可以启动应急救援预案。通过安全监控成像系统，隧道外的管理房内，可以随时监督、查视作业面安全施工状况。为了保持通信畅通，中国移动公司和施工单位联手安装了移动通信延伸系统，即便在海底 70 米施工，手机一样有信号。

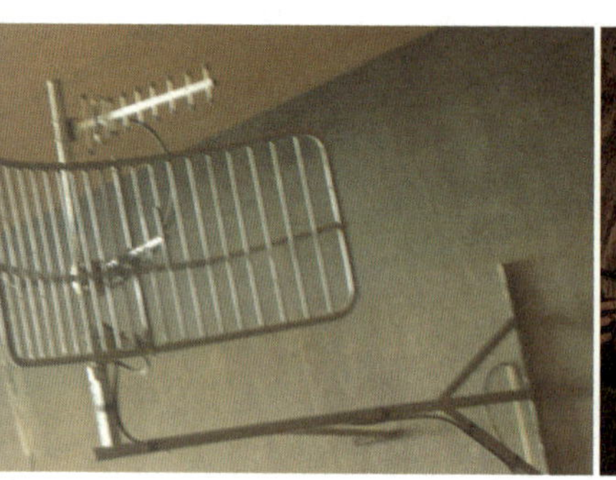

▶ 移动通信洞内信号延伸系统，安全救生衣及防水闸门

安全工作无小事。中铁十八局集团常务副指挥潘建立介绍:“隧道所有施工人员的安全头盔里，都装有一个小电子芯片。它能够监控进出隧道的任何一个人以及他的身份，防范意外情况发生。”

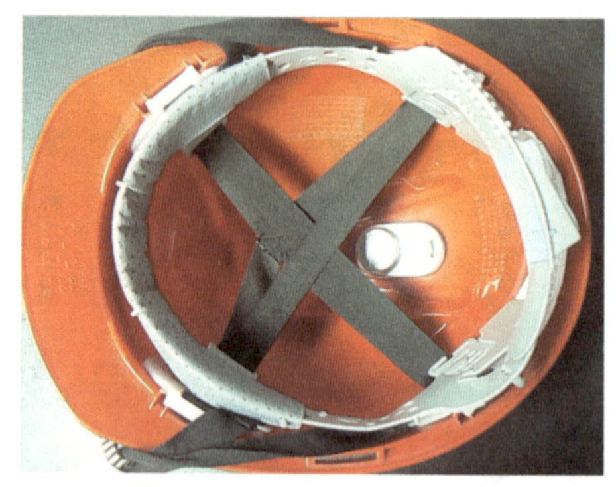

▶ 安装有电子芯片的安全头盔

同时，隧道里面布设了应急逃生路线指示系统，安装应急灯、逃生指示牌等，完善声觉和灯视安全指示。总之，所有能够想到的情况，都采取了必要的周密的应对措施。

此外，建设单位还专门设立了高达 460 万元的安全生产奖励基金，建立起各项奖罚分明的安全生产考核制度，深入进行施工安全

▶ 应急照明系统

专项整治，多次进行安全实地演练，一次次地将事故苗头掐灭在萌芽状态。

据统计，建设期共组织综合安全事故隐患排查治理 55 次，专项安全隐患排查 11 次，排查出各类事故隐患 9168 项，安全监管不安全行为 201 项，全部按照“三定一落实”原则进行整改，整改率达 100%，及时把安全隐患和危险因素消灭在萌芽状态，有效规避了各类伤亡事故的发生。

建设期间，厦门市政府及有关部门、建设单位和施工单位根据工程实际进展情况，共组织应急预案演练 10 次，其中现场演练掘进掌子面坍塌预案 5 次，现场演练突涌水预案 2 次，现场演练抗台风预案 3 次。每次演练后均对演练情况进行总结评审，找出和归纳存在的问题和缺陷，并组织技术人员对预案进行修改、补充和维护，保证应急救援预案体系的时效性和可行性。

一个全员、全面、立体、全方位、全过程的安全网络就这样精心编织起来。扎实有效的安全生产有力地促进了翔安隧道工程的顺利实施，隧道从开工到通车连续安全生产 1694 天，实现了全过程“零死亡”的安全监管目标，在海底隧道建设安全生产监管史上创造了新的纪录。

质量同于生命

“在国家现行规范要求基础上，翔安隧道建立了政府监督、法人管理、社会监理、企业自检的四级质量保证体系。”曾超说，“力争在工程实施过程中形成多层次、多方位的工程质量保证体系。”

质量需要标准，在国内外专家的论证下，编制完成了专项《施工技术规范》《施工建立大纲》《施工监理大纲实施细则》，并在质监办的指导下确定施工和监理用表 35 种、质检表 121 种、现场施工记录表 80 种、测量用表 11 种、试验记录及报告 44 类，建立了系统的质量管理技术规范和监理流程。

翔安隧道坚持精细化管理，不放松任何一个细节，精雕细琢出精品，如隧道内壁装饰板与消防箱接缝处理等细节，一丝不苟，追求质量和美观的完美统一。

另一方面是加强施工过程质量通病治理，强化现场存在质量通

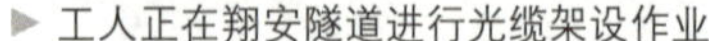

▶ 工人正在翔安隧道进行光缆架设作业

▶ 机电安装施工

病的处治和管理、控制，尽量避免发生不必要的返工，不留任何质量隐患。

“我们深知海底隧道任何的疏忽都可酿成大祸，尤其注重细节管理。做好每一道工序、每一个环节的监督管理，决不漏掉一个细小问题。”王学斌说，“特别是重要的施工工艺、隐蔽工程等难点，都要求自己到现场，逐一剖析，解决好每个环节，把好细节质量关，使工程质量有了可靠保证。”

王学斌在刚开工不久的一次半夜工地巡查中，发现有工人将 4 米定长的锚杆裁成两半，有偷工减料嫌疑。本着对质量的高度负责，他当即勒令将当班已完成的锚杆全部拔出，自己亲自在现场，逐根拉拔核实锚杆长度，当最后一根锚杆拔出发现没有问题以后才放心离开工地，这时天已经蒙蒙亮了。这种高度负责的态度在施工单位中引起积极反响，他们都进一步加强了质量管理，再也没有类似情况发生，质量意识真正深入人心。

隧道机电工程是由众多设备通过硬件和软件连接起来的，所以主要设备的选型和材质对于机电工程的质量至关重要。业主和监理单位要求对各机电标段主要设备实施驻厂监理工作，严格实施承包人自检和监理抽检制度，从源头上保证设备的质量。从工程实施结果来看，上述制度确实不仅保证了主要设备、材料的质量，而且有效保证了隧道机电工程的质量。

“翔安隧道的建设标准是要在海底腐蚀环境下使用 100 年。”王学斌说，“由于该隧道穿越海底，其混凝土结构将受到海水垂直渗透侵蚀的影响，对钢筋混凝土结构中钢筋具有弱腐蚀性，对钢结构具有中等腐蚀性。”

为了满足设计要求，隧道衬砌混凝土配合比委托南京水利科学研究院进行初步设计，经过室内试验检测论证，提出理论配合比；在实际工程应用时，经过试验检测各性能指标均满足施工和设计要求；之后，建设者进行十几种不同材料多个不同配合比研究，选定适合海底隧道特点、经济性能优异的高性能混凝土配合比，既保证了工程质量，又节约了工程投资。

▶ CRD 法施工场景

各家施工单位认为，只要保证物料质量的稳定，保证不返工，就是节约成本。比如，他们把成本核算工作重点放到物资材料的控制上，为控制商品混凝土的浪费，投入了近 8 万元建立地磅，有效地控制了混凝土、水泥、柴油等材料缺斤少两问题，直接节约成本。

在翔安隧道，“抗渗防腐蚀高性能混凝土”材料极大增强了隧道的使用寿命。这种专为海底隧道设计的混凝土抗渗指数达到 S12，而对城市建筑的抗渗要求国家标准仅为 S8。同时，还采用“分区防水”设计理念：在防水板的放置上以 10 米为一个循环，实现分区防水，这样即使出现渗水，也仅仅在 5 米的区域之内，避免造成大范围的渗水。

▶ 一名工人正在利用卡萨钻注一体机，对翔安隧道五通服务隧道进行注浆作业

在“分区防水”的理念下，其他的辅助防水工法也随之形成。在如此严密的防水基础上，翔安隧道还在防水板上设计了预埋注浆盘，如果在隧道使用过程中，发现漏水，还可通过注浆盘进行注浆凝固。“将防水做的像铁桶一样”，这是专家组在看到防水方案时的感叹，此方案被专家组誉为“最严密的防水手段”。

同时，为了监测混凝土使用效果，长期监测钢筋混凝土结构的腐蚀情况，建设者还在隧道建设中采用埋入式腐蚀传感器。他们采用丹麦 Force 公司的 Corrowatch 多探头腐蚀传感器，自主研发的电化学腐蚀传感器、物理腐蚀传感器构成“高低结合框架”，构成合理的腐蚀监检测系统，确保隧道长治久安。

据悉，翔安隧道工程钢筋腐蚀长期监测系统是国内隧道工程结构中第一次建立的大规模钢筋腐蚀监检测系统。埋设腐蚀传感器的数量之多，种类之丰富都为全国之最。它们构成合理的腐蚀监检测系统，确保隧道长治久安。

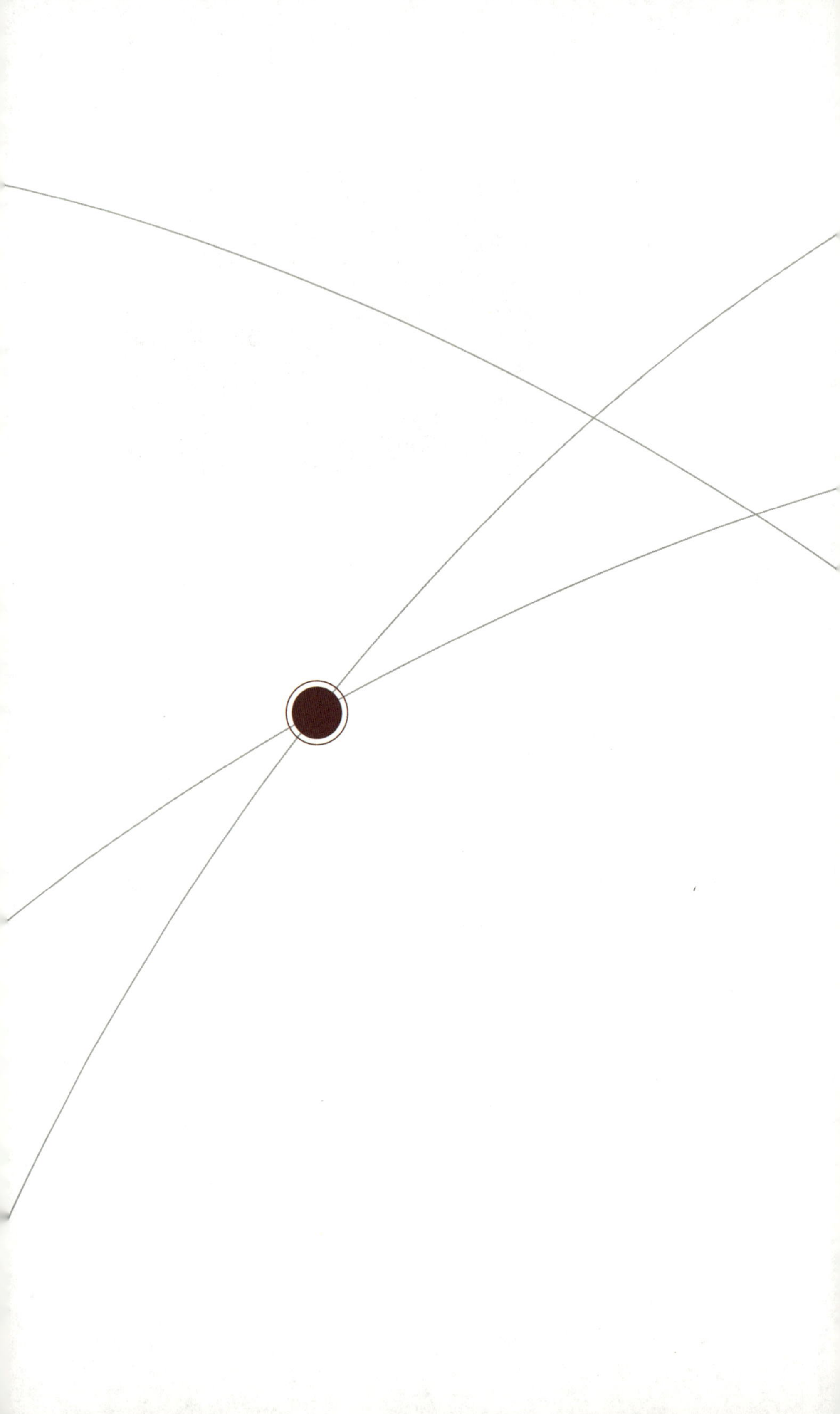

精心打造景观、机电工程

通风竖井与雕塑 令人过目不忘

2003年，上海复兴路隧道对通风塔进行了建筑设计，并在其中设置了国内第一座隧道博物馆，引起了广泛关注。之后，相继建成的江苏省南京玄武湖隧道、陕西省秦岭终南山隧道、湖北省武汉越江隧道均浓墨重彩地开展了隧道景观建设。

厦门是一个海港风景旅游城市，景观建设在城市建设中历来备受重视。翔安隧道作为国内第一条海底隧道，其景观建设也是一大重点。厦门路桥建设集团介绍，翔安隧道的景观建设，遵循“安全、舒适、和谐”的建设方针，从工程实际出发，考虑周边城市结构、自然地形环境和建筑人文特征，给予隧道景观以内涵和深度，以更和谐、更优美的方式展现隧道的整体风貌，实现工程建设与景观形象的完美结合，并达到道路本体和厦门城市的和谐统一。

“简单来说，就是如何让驾驶者在隧道中行驶得更舒服。”翔安隧道景观设计单位表示。

厦门翔安隧道洞内全长6.05km，隧道内行车时间约8分钟，由于隧道内的行车环境受到各种因素的制约，行车心理也会受到不同程度的影响。为创造舒适的驾驶行车环境，展示独具特色的海底隧道文化，景观设计在结合功能与美观的基础上，针对洞内的侧墙板、宣传板、设备箱外形、照明灯布置等进行综合设计。

首先，景观理念上，从厦门这一海湾型风景城市的定位出发，计划以前所未有的奇思妙想尽情展现海底隧道的特色。其次，综合隧道的交通功能、空间功能，洞内布置应既能满足安全、迅速、舒适的通行需要，又能取得通行、感知、空间三方面的平衡。

▶ 美丽的海滨城市厦门

建设者应用计算机三维模拟技术，建立隧道全线模型，完全按照施工尺寸再现洞内空间、设备布置后，通过动画画面模拟高速运动下驾驶者的感知。

在尝试了多种侧墙板布置方式和色彩搭配、照明灯具布置方式后，结合照明灯具的照度计算结果，对洞内空间设计总结出五点原则性意见：①建议隧道照明将点状布置的高压钠隧道灯，改为连续均匀布置的防水支架隧道灯；②采用曲线型侧墙板，板后预留空间布置管线，侧墙板与设备箱面板平整衔接，形成连续的侧墙面；③侧墙板主色调淡雅明亮，色彩变化以横向线形为宜；④隧道顶部用深邃的黑色防火涂料，有效减少空间压抑感；⑤选用合适的材质、肌理，减少噪音。

翔安隧道五通段洞内

洞内空间的景观表现主要借助侧墙板这一载体进行，分布于主洞隧道两侧墙面，自电缆沟盖板以上 3.5m 高的范围内。全线侧墙采用隧道专用墙板进行防护和装饰，用以增加照明效果、提高隧道使用安全性、增加洞内美观和适当减少噪音。

隧道板色彩搭配综合考虑引导性、光过渡和视觉疲劳三方面因素，以海底隧道的建设特征为变化主题，增加宣传板的布置。在出入洞口的 300 米长度内，隧道板配合隧道照明灯的布置节奏，由浅色向深色分三段过渡至洞内环境，符合视觉心理的光过渡需求。

同时，隧道内 80% 以上的标准段选用上白下浅灰蓝的色彩搭配，冷色低彩度的色彩带来宁静、典雅、稳重的心理暗示。

在出岛向 F1 风化深槽和进岛向贯通点两处，改常规隧道板为浮雕墙，用石雕立体再现国内第一条海底隧道建设的艰辛和振奋人心的贯通时刻，以此记录海底隧道的特征点，同时也改善行车过程的视觉疲劳。

经过这样的搭配和布置，翔安隧道的洞内行车观感可以说是宁静而又充满活力的，犹如海底那片无边的水蓝中点缀的鱼群，引人遐思。

通风塔是海底隧道唯一高出地面的建筑物，有较多的景观视点，是隧道工程的形象代表。翔安隧道在五通和翔安两侧各设一座通风塔，根据厦门的海洋文化、城市两岸用地性质及场地特点进行建筑设计。

在五通一侧，通风塔被设计成一座灯塔。

五通港的历史在《鹭江志》《厦门志》中均有记载：五通渡头，厦往泉大路，过刘五店，水途三十里。五通港码头，是厦门岛古码头之一。厦门本岛在修建厦门海堤前，五通与同安刘五店的航运是厦门对外联系的重要海上通道之一。

“五通侧通风塔不仅承担着厦门海底隧道排气通风的功能，塔身上部配备有一座 10kw VTS 雷达基站，并设置了服务厦门东海域新航道的航标灯。它是在急速发展的现代化都市背景中，具备多种功能，多重含义的新时期重要建筑物。”厦门海事局介绍。

通风塔的基座，是从隧顶公园中心的绿色山体中长出的深灰色砾岩，这一部分是连接海底隧道和通风塔的通风设备机房，师法自然，外观雄浑；通风塔身主体，采用当地产灰色花岗岩包覆，在入口或开窗细微处镶有闽南特有的浅石雕，融入闽南石文化的意涵；顶部的雷达站和航标灯室的造型做法则取自鼓浪屿上万国建筑中的典型元素，以期融汇古今，联系五通港的历史与未来。

无论从陆地上近观，还是从海面上远眺，五通侧通风塔高耸的轮廓都勾勒出这一片海岸的优美天际线。这座屹立于厦门岛东部的巨型灯塔，在蓝天里和星空下熠熠闪光，成为这一热点区域的一个风景亮点。

而在翔安一侧，通风塔被设计成“扬帆起航”的雕塑。

“扬帆起航”雕塑，是海底隧道在这一区域的陆地标志性建筑物，也是代表海底隧道的巨型城市雕塑，已成为这一滨海新区设立的一个富有特色、线条清晰的城市坐标。

从厦门岛一侧远眺，翔安通风塔像从海平面上突现的一片巨帆，迎风展开她饱满动人的优美弧线，环绕着自海底挺拔直上的通风高塔。底层围合构筑的海底隧道通风机房则被塑造成一艘抽象的航船，流动的立体造型仿佛荡漾在一汪起伏的绿意波涛之中。

翔安侧通风塔以翔安区新的城市布局为背景，塔的奔放造型也隐喻随着海底隧道的贯通，这一片崭新的厦门新城区将扬帆起航。

最吸引人的，还是翔安隧道洞内浮雕。

为展现翔安隧道建设期间建设者攻坚克险和艰苦卓绝的建设场景，歌颂建设者忘我付出和所创造的伟大业绩，在隧道五通端洞口及洞内分别设置了主题为“永不言弃”的纪念雕塑群，由一组洞口雕塑及两组洞内浮雕组成，形成隧道内外呼应，展示内容全面的主题雕塑。

▶ 翔安隧道洞内“永不言弃”浮雕

洞口雕塑总高 12.8m，雕塑主体 10.28m，雕塑以花岗岩材质手工雕刻而成。三位象征着翔安隧道建设者的工人，呈V字型环绕形成雕塑主体，手中各持方木、风枪、洋镐等施工器具，肌肉线条棱角分明，目光深邃无畏，昂首挺胸、坚韧自信、永不言弃。

洞内浮雕共分两组，第一组位于右洞出岛方向F1风化槽处，该组浮雕画面以隧道开挖工序为创作主题，结合表现了建设者艰苦作业的场景和攻坚克难永不言弃的精神面貌。第二组位于左洞进岛方向的隧道全线贯通点，该组浮雕展现隧道全线贯通之际，隧道两侧建设者胜利会师的动人场景与精彩瞬间。浮雕墙单组规格为宽3.5m，长60.5m，其长度源自6.05km的翔安海底隧道总长。

雕塑采用写实与艺术相结合的塑造手法，生动刻画出建设者征服大自然的恢宏气魄、顽强拼搏的进取精神和不屈不挠的斗志。

▶ “业翔民安”主题雕塑位于翔安隧道翔安端洞口，高13.5m、宽5m，雕塑名称以其所处的位置“翔安”两字为引申，取名“业翔民安”，寓意“业以翔致高，民以安为本”

翔安隧道翔安端出口近收费站处，也有一座“业翔民安”的大型铜雕。其高 13.5m、宽 5m，雕塑名称以其所处的位置“翔安”两字为引申，取名“业翔民安”，寓意“业以翔致高，民以安为本”。

雕塑整体造型，刚中带柔，亦静亦动，犹如城市空间中的现代图腾，令人精神振奋。此雕塑设置在翔安端洞口，更融入了厦门城市基础设施建设飞速发展和岛内外一体化建设推进翔安区发展的新内涵。

▶ 翔安隧道翔安端“扬帆起航”雕塑和五通端五通灯塔

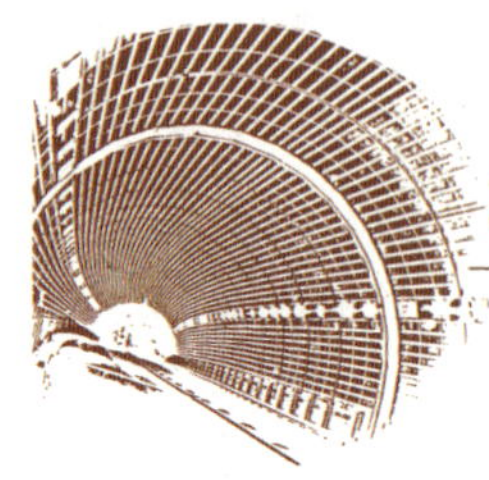

机电系统安全可靠

翔安隧道机电系统是保障隧道建成后运行的基本条件，由通风、照明、监控、通信、收费、消防和排水等7大系统组成，全部投资近4亿元，占总投资的10%左右。

翔安隧道交通机电工程复杂，由强电、弱电、计算机、网络等系统工程组成。工程建成后交通流量大，交通机电工程对确保隧道安全运营影响重大。东通道现场指挥部设立之初就成立了交通机电工程项目部，并进驻现场办公。项目部全面负责整个东通道交通机电工程的实施。

东通道海底隧道的机电工程位于盐雾侵蚀严重的海平面以下，具有建设规模大、技术难度高、工程界面复杂等特点。在工程现场指挥部建立之际同步成立机电工程项目部，使得机电工程能够贯穿于整个工程之中，为后期机电工程施工做好铺垫和准备。

翔安隧道机电工程涉及领域较广，牵涉到与航空、航海、电业局、水务集团、消防部门、气象局等相关部门的协调工作。如：仅在隧道消防工程方面，就需要在初步设计、施工图设计、消防设备报备、交工验收等阶段将相关资料报审消防部门，请消防部门审批、验收。

“我们意识到，在初步设计和施工图设计阶段，就应增进和加强与相关部门的沟通，这样在交通工程初步设计、施工图设计、施工过程等阶段不仅可以及时了解和吸收最新的行业规范，并将其运用到工程之中，而且可以增进和加强与各部门的互动，大大有利于工程的实施和验收。”翔安隧道机电项目经理胡宁说。

在设计阶段，建设方就邀请国内外具有丰富经验的单位对机电工程初步设计、扩初设计进行咨询工作。翔安隧道机电设备采购自全国，甚至国外，比如通风机就是从德国进口的。

“机电工程相比于土建工程有一个显著的区别，即机电工程的设备采购量占工程总量的比率较大，而采购设备的档次在很大程度上不仅决定了系统运行的可靠性和稳定性，也决定了机电工程质量的高低。”胡宁说，“我们在系统设置过程中引入了全寿命周期理论，即：系统和设备寿命周期成本 = 建设成本 + 运营使用成本。”

翔安隧道的机电工程还采取了预留预埋等工作。在机电工程各标段承包人进场后，可以利用预留预埋工程，将工作面向各机电单位及时进行移交。工程实践证明，专业性实施预留预埋不仅使工程精度高，而且保证了机电工程及时顺利展开。

另外，翔安隧道在机电工程实施过程中组织召开了十数次的专题协调会，通过会议及时解决了施工过程中的问题，为工程顺利开展提供了很好的保障。

翔安隧道机电工程设计方面也有技术创新及新技术、新材料的应用。一是隧道照明系统采用荧光灯连续光带照明，并且采用无级调光系统，可以为隧道内司乘人员提供安全舒适的驾驶环境，而且可以延长灯具使用寿命，节省运营期间的用电费用。

▶ 工人正在翔安隧道内进行机电安装作业

胡宁说："隧道照明灯具采用荧光灯方案，不仅光线柔和，显色性好，而且有着极高的均匀度，特别是通过无级调光控制，洞内亮度变化舒顺平缓，营造出类似于白天的照明效果。隧道洞顶设置连续带状照明，可以有效地避免'斑马现象'，有利于诱导驾驶员的视线，缓解在6公里海底隧道内形成驾驶疲劳，保证行车安全舒适性。"

而通过无级调光系统，可以避免隧道照明灯具长时间在满功率负荷下工作，能够根据洞外照度将隧道内照度调整到合适状态，使照明灯具能够在低功率负荷下工作，不仅可以延长灯具使用寿命，而且可以节省隧道运营期间的照明用电费用。

第二，隧道内消防系统不仅设置了常规的火灾报警系统和消火栓系统，而且在行车方向左侧壁设置了可以自动进行火灾灭火工作的水成膜—泡沫水喷淋系统，这是国内水下大断面隧道首次设置该系统。

第三，翔安隧道2个通风竖井安装了4台大功率轴流风机，行车隧道内还有39台30kW射流风机，服务隧道内有20台15kW的射流风机。全开起来，隧道如同一个大型"抽油烟机"。这些设备连接隧道开挖时的竖井，可以把隧道里的异味和灰尘及时排放出去。

因此，市民开车经行海底隧道时，不用担心打开窗户会闻到异味或吸入许多灰尘。

另外，翔安隧道内设有 3 个集水泵房，其中，厦门端和翔安端各设一个雨水泵房，隧道中间设有一个废水泵房。这使翔安隧道可承受 50 年一遇的暴雨。

隧道两端雨水泵房的最大功能是把由洞口进入的雨水集中起来，排到海里去。这两个雨水泵房的“肚量”都很大，可以蓄水 1500 方。

隧道中间的废水泵房，主要是集纳海水和废水。因为隧道是建在海底下的，有一定的渗水，同时，平时路面和墙面清洗时也会产生废水，这些废水都会通过边沟进入废水泵房。这里的废水泵房“胃口”更大，可以“吃下”3000 多方的水。

▶ 翔安隧道服务隧道

水集中起来以后，就轮到另一个先进的仪器上场了——抽水泵。据介绍，翔安隧道内用的是全进口的大功率高扬程不锈钢泵，可以直接把海底 70 米深处的水一次性抽出去排到海里。

值得一提的是，翔安隧道的三个集水泵房的抽水管道都是独立的，互不干扰。

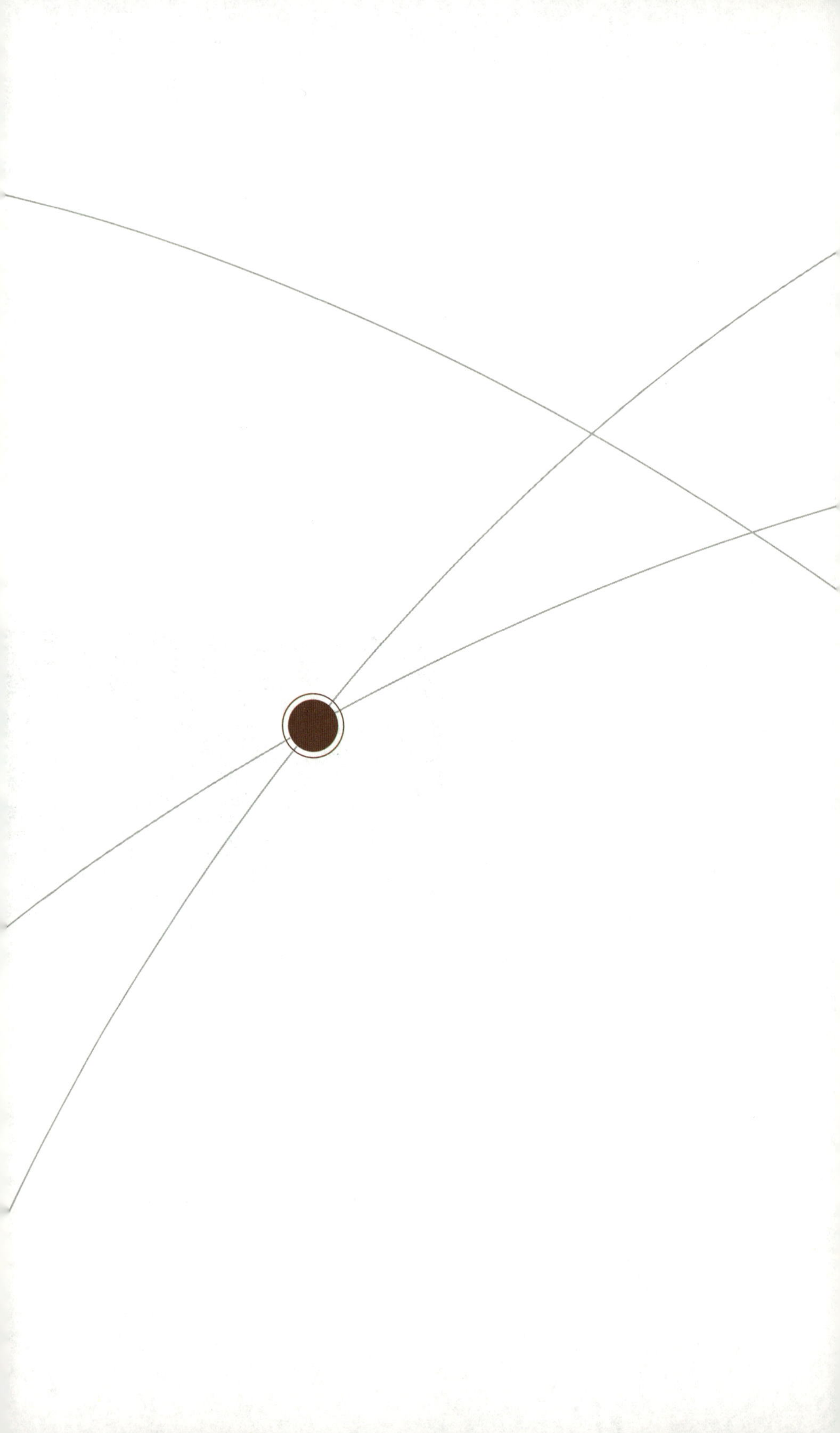

5

不断积累运营经验，翔安隧道承担重任

通车当日通过量达 1.5 万辆

“没有战胜不了的困难，厦门人的伟大创举。”这是一位市民的留言。2010 年 4 月 24 日上午，翔安隧道通车前夕，设置在翔安隧道五通端的留言板上，不到一小时，就写满了前来参观的市民鼓励的话语。翔安隧道通车前夕的体验日首日，路桥集团现场估计约有万人进隧道参观，不少市民徒步来回穿越 6 公里多长的海底隧道。其中有一位翔安西滨村 88 岁的老大爷，从翔安徒步走过隧道到达五通，考虑到老大爷年纪大，工作人员破例准备用车送他回翔安，但是被他拒绝了。他很兴奋地说以前都是坐船往来西滨与五通，常年在家门口的这片海划船打渔，现在能体验步行穿越海底，实在是有生之年的一件新鲜事。

“原来我们还觉得这个留言板太大了，结果不到半小时就基本写满了。”工作人员一边忙着给市民递签字笔，一边说，“很多市民留下了自己的感想，这很好。等下我们还会布置新的留言板。”

2010 年 4 月 26 日，翔安隧道正式通车。当天上午的通车仪式，厦门全城瞩目。

正式开通的仪式时间是 9 点。在这之前，隧道口的草坪上，几位小朋友和一位老人正在“排练”。老人是路桥集团老员工，小朋友也是路桥职工子女，他们将成为宣布隧道通车的代表。9 点刚过，

2010 年 4 月 26 日上午 8:58，满载社会各界代表的公交车首次穿越翔安海底隧道

小朋友们就拥簇在老人身边又蹦又跳，用普通话欢呼“通车了！”而老人也用闽南话高喊“通车了！”

这老少两代人的欢呼声，似乎寓意着厦门交通发展的历史变迁，让现场人们的脸上都绽放出灿烂的微笑。没有隆重的仪式，没有领导讲话，但这个场景，却让人印象深刻。

随后，车身上系着“大红花”的 12 辆公交车，分成 2 队，载着市领导、隧道建设者、老海堤建设者、劳模代表、群众代表，分别从五通端和翔安端开进隧道。车辆开进隧道的一刹那，彩带纷飞。

这个世界上断面最大的海底隧道，大气恢宏。中铁十八局的老局长景春阳看着“永不言弃”雕塑说，一般人可能看着没什么感觉，但他们工程人，最知道这四个字的含义。在经历了常人难以想象的艰辛之后，这四个字，是建设工人们心中情感的真实写照。

▶ 即将建成通车的翔安隧道首次开放市民参观，放在洞口的参观留言板写满了市民的心声

“海下水压高达70米水头，建设中任何一个闪失，隧道就会报废，这是特级风险，但我们通过稳扎稳打、步步为营，在4年零8个月的施工期间内，取得了没有亡人事故的成绩，这非常伟大，翔安隧道不仅是厦门的骄傲，也是中国的骄傲。”参观车上，负责情况介绍的安全总监吴仕书的一番话，让车上掌声一片。

车上的另外一位建设者代表指挥长黄灵强补充说道：翔安隧道通过约130米的F1风化槽，用了整整20个月的时间，同期进行的集美大桥都修完了，“每天挖的距离用尺计算，你说难不难！”

车上的人更多的是感慨岛内外一体化建设的巨大飞跃。在这辆750路公交车的运行图上，从马巷车站到岛内的梧村车站，全程只有14站，而在这以前，这条路线至少有30站左右。之前，两地的公交车运行时间至少是一个小时以上，而现在走全程8分钟的翔安隧道，总时间被压缩了一半。

在开通仪式前，就有大量的社会车辆排队等着过翔安隧道。上午10时隧道开放后，隧道内立马出现“车水马龙”的景象。为了满足市民的好奇心，同时也为了检测翔安隧道开通后各种设施的运行状态，开通当日进出隧道的所有车辆都不收费。

在隧道中控室的大屏幕上看见，隧道内可谓“车水马龙”，但双向三车道的隧道通行能力足以应付，没有出现交通滞留状况，车辆的时速基本都能保持在60公里左右。首日的“压力测试”对各种设备也是一次考验，建设者将根据这些数据，对设备进一步微调，以达到最好状态。

1万5千辆的开通当日通过量，也创下了厦门岛出海通道开通首日的车辆通过纪录。而在运营一年之后，翔安隧道的车流量总计达到700万辆，日均4.3万辆（目前，这个数字已经达到每日6万辆以上）。

在收费方面，翔安隧道仅收取一次通行费，也就是从厦门岛穿越隧道进入翔安区时才用缴纳通行费。由于厦门本地车辆实行年费制，翔安隧道通车后，也没有增加总通行费的额度，依然是出租车187元/辆·年、私家小客车374元/辆·年、其他小客车及外地小客车624元/辆·年，可通行厦门所有的进出岛通道。对于外地车辆，无论是走大桥还是海底隧道，进厦门岛都免费，只有出岛时才收取12元钱通行费。

▶ 翔安隧道收费站拥有先进的自动收费系统

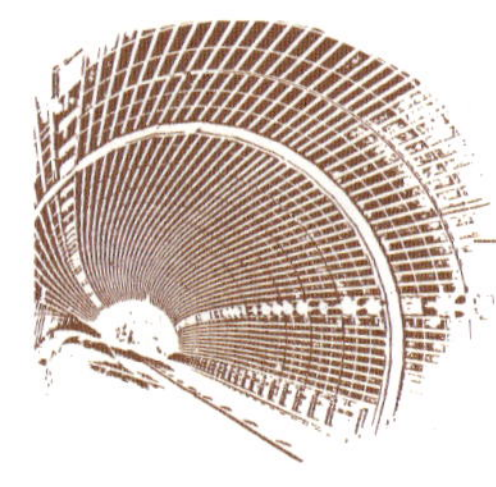

升级消防设施，完善隧道管理办法

作为国内第一座海底隧道，翔安隧道也在积极总结运营中获得了经验。

隧道内最怕火灾，一是浓烟不能及时排出去，二是火场中心温度极高，不易扑灭，所以隧道内的消防设施至关重要。隧道最为关键的灭火保障，也在运营后得到了考验。2011 年 7 月、12 月，翔安隧道发生了两起车辆自燃事故。

翔安隧道行车左侧每隔 25 米设自动喷淋设施，为世界最先进的消防设施。泡沫—水喷雾联用灭火系统共设 482 个泡沫喷雾控制阀组和 3374 个隧道专用水成膜泡沫喷头，并安装了 12800 米隧道泡沫喷雾系统供水主干管。如此高规格的消防系统，在事故后也进行了升级，确保“万无一失”。

翔安隧道的消防设施，进行了四项大改造。

▶ 改善一：加强右侧车道喷雾

原来的喷雾设备集中在隧道的左侧，是双喷头设置，实际运行时发现，水雾有一个抛洒曲线，导致最右侧的车道水量不足。

为改善这种缺陷，技术人员在隧道顶端加设了一条横穿管，一直延伸到右侧车道上方，然后再安装一个新的单喷头，专门应对右

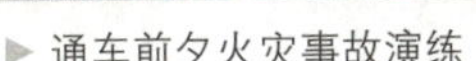
▶ 通车前夕火灾事故演练

侧车道，组成了双侧喷淋系统。这个系统经过测试，效果良好，即便是车道上有混凝土大车，也能实现全覆盖。这项改造使翔安隧道的喷头总数接近 5000 个。

▶ 改善二：增设报警设施、灭火器

隧道内发生火灾，如何让驾乘人员第一时间知道这一情况？两次自燃事故中，工作人员发现许多驾乘人员根本不看隧道内的情报板，一路开到火灾现场。为此，施工方特别设计了 LED 诱导报警设施。

LED 诱导灯集中在隧道内右侧洞壁上，每隔 50 米一个，然后在情报板上，也增设了一组 LED 诱导灯。以后经过翔安隧道的驾乘

▶ 报警定位牌进隧道

人员要注意了，只要看到这些LED诱导灯频闪，就意味着隧道内发生了事故。

除了LED诱导灯，翔安隧道内还加密了灭火器的配备——由原来的50米一处，加密到25米一处。灭火器箱就放在车道旁的排水沟上，箱子上写有编号，方便报警时报告具体位置；灭火器是高能水基型灭火器，灭火效率是干粉灭火器的10倍，且没有粉尘。

▶ 改善三：增加电瓶车及对讲系统

两次火灾发生时，由于隧道内堵车，救援人员只能跑步前往火场。为解决这一问题，隧道管理方增购了一台电瓶车，这台车可以在服务隧道里开行，能搭载救援人员尽快赶往现场。

另外，由于隧道内是一个屏蔽空间，一般的对讲系统不能发挥作用。即便是有手机信号，也不能实现多人通话，不方便多方面了解事故情况。为此，管理方准备增加专用的对讲发射系统。

改善四：调整感应装置灵敏度

对于感应装置灵敏度不够这一问题也进行了改善。据悉，隧道常年温度保持在 30 度左右，所以感应装置设置为 50 度报警，或者在很短的时间内温度突然提升 5 度，也会启动报警装置。另外，目前的摄像头增加了变焦功能，可以放大画面，方便工作人员及时发现火情。

摄像头还增加了识别其他交通状况的功能，比如堵车，摄像头会自动进行识别，然后将画面传送到主画面上，以便引起工作人员注意。

中控室消防系统也被添加。这一系统主要是在中控室内设置开关，可以直接控制隧道内 482 个喷淋阀组，当发生火灾时，工作人员可以在极短的时间里，按下阀组所对应的开关，启动喷头工作。

2012 年 8 月，翔安隧道开通2年之后，全面禁行大货车。隧道一怕火灾，二怕事故。大货车失控之后，在隧道内左冲右撞，非常危险。比

▶ 人行通道。 发生危险时可疏散人群，方便抢险

如 2012 年 7 月 13 日的事故，隧道墙壁的装饰板像纸一样被拧皱，随即掉落。

据统计，在未禁行大货车之前，翔安隧道内每天约有 2000 辆大货车通过。翔安隧道最深处在海平面下 70 米，呈 V 字型，进入隧道之后，先下坡，后上坡。在下坡时，大货车的惯性很大，一路溜下去，速度都能加到 60—80 公里每小时，在这种情况下极易发生事故。而到了上坡，这些货车速度又变得极慢，均速约为 46 公里，有时五六辆大货车同时穿行，堵塞车道，万一发生紧急情况，前面

翔安隧道监控中心，全天候监控隧道运营安全

有慢吞吞的大货车挡道，很不利于隧道内的车辆和人员迅速疏散。

大货车在爬坡过程中产生的尾气，也造成隧道养护困难。尽管隧道设有多个排气系统，但超载车的尾气之浓，能把隧道墙壁和顶棚都熏黑，也会带来行车安全隐患。有一次，隧道发生车祸致堵车，有人下车步行好几公里，碰上大货车的尾气，差点在隧道内被熏晕。

综合以上原因，2012 年 8 月中旬开始，翔安隧道禁止大型货运车辆通行。大货车需绕行海翔大道经杏林大桥、厦门大桥进出岛。

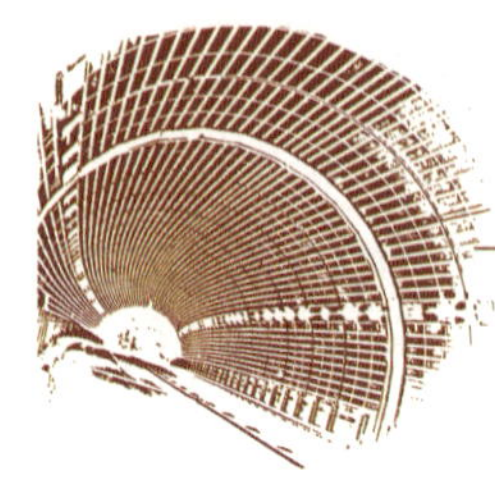

科学管养、长治久安

翔安隧道前期方案研究花了八年，施工花了四年八个月，但是设计使用寿命长达一百年，运营期安全管养任重而道远。

翔安隧道是国内第一条海底隧道，传统的山岭隧道养护作业方式和管理手段不适应海底隧道养护管理发展的需要。它是厦门进出岛咽喉要道，是现有进出岛公路通道中唯一的跨海隧道，特别是台风、大雾等恶劣气候条件下，翔安隧道将成为唯一可通行的进出岛通道。

为此，翔安隧道建设和管养单位十分重视管养工作，把科学管养贯彻到隧道建设各个阶段。早在翔安隧道建设之初，就把科学管养作为一个重要环节，未雨绸缪，提前部署，在设计和施工阶段开展相关课题研究，如“海底隧道围岩分级研究”“海底隧道施工监测技术研究”“海底隧道土建结构养护维修技术研究”“海底隧道长期监测研究”，取得一大批研究成果，并且把这些研究成果反馈到设计和施工中，安装了结构健康监测系统等，为养护管理提供最大便利。

为进一步规范运营管养，在施工后期和运营初期，建设单位牵头与管养单位联合研发了海底隧道养护管理系统，编制了《海底隧道养护管理指南》。

海底隧道养护管理系统的开发，是针对翔安海底隧道特点和实际需求，应用隧道工程结构和机电设备维护先进技术，结合交通管理、项目管理、系统论和信息化方法等现代技术手段，研究建立的一套以“专业化、规范化、程序化、制度化、预防性”为主要特征的海底隧道养护管理体系。

这些研究成果和管养实践经验，为翔安海底隧道科学管养和长治久安提供了科学支撑。自 2010 年 4 月 26 日建成通车以来，隧道运营情况良好，使用功能正常，未发生管养安全事故。

▶ 车辆正有序驶入翔安隧道

翔安隧道助力区域经济发展

交通是支撑一个城市经济发展的最重要的基础设施。而翔安隧道作为厦门东部与翔安连接的交通要塞，不仅是厦门经济发展的又一命脉，更是推动区域发展的一个重要举措。

作为厦门又一条出岛通道，翔安隧道通车后，将厦门岛与翔安之间的行车距离，从四五十公里缩短至 9 公里，这使厦门与翔安之间原来 1 个多小时的车程，缩短为 15 分钟左右。

▶厦门一隅

这也使厦门向东部拓展的“瓶颈”被打通。通过翔安隧道，再与西环快速路、翔安大道、水琼线相连接，东海域的阻隔成为历史。

一海之隔，隔断的不仅是地理，还有心理和观念。

过海堤、走战备路，一路扬灰，举目都是田野，风大、荒凉……翔安是厦门的一个边角地带，它的地理位置被形象地描述为“风头水尾”，土地贫瘠，农村人口多，淡水资源少。自然环境的劣势，导致翔安的发展远远落后于岛外其他区域。

肖厝，离隧道口最近的一个翔安村庄，在翔安隧道通车前，却是距离厦门岛陆路最远的一个村庄。60多岁的张老汉，一辈子去“厦门”的次数屈指可数，“年轻的时候曾经去过一次，当时国道还是

碎石路，拖拉机、长途车倒了个遍，还徒步走了好长一段路。一大早出发，中午才到，灰头土脸。”张老汉说，“前几天我儿子开车带我走翔安隧道，一黑一亮，没几分钟，哎呀，就到厦门了。真是大发展。”

翔安隧道的建成，有利于把城市发展初期的大量劳动密集型企业从岛内转移到岛外，在优化厦门本岛的同时，也加速了翔安作为厦门城市副中心的构建进程。同时，翔安隧道的建成也提升了厦门城市功能，拓展了城市空间，强化了厦门区域中心城市的带动作用，促进了区域社会经济协调发展。

一份报告显示，翔安区曾是多么需要翔安隧道。在隧道未通车前，翔安区的城市化水平只有11.4%，远低于岛内的92.5%，也低于岛外区24%的平均水平。资金、技术、人才缺乏；户籍总人口约30万人，人均GDP只相当于全市平均水平的1/4，城乡收入差距悬殊。2003年翔安区全年实现GDP23.7亿元，同期厦门市的GDP为760亿元，翔安区占全市的3%，仅为厦门市GDP的一个零头。而2012年，翔安区的GDP已经超过270亿元，占全市的比重约为10%，发展之快令人咋舌。

翔安隧道带来的是翔安区的整体转变。在未通车之前，翔安人基本靠种植胡萝卜和打渔为生，缺少淡水。“土粘、水咸、桶绳十八米长”，这曾经是翔安村民的顺口溜。不过，现在，村民们说的是“土不粘、水不咸、水泥地四处连，交通真方便，亲戚走访一天间”。生动的描述，见证的正是翔安的巨大变化。

在对台交通上，翔安隧道也发挥了重要作用。在隧道的岛内一侧，是厦门机场、五通对台厦金航线码头；而翔安一侧，是距离大小金门仅 5 海里的刘五店码头。一条隧道将机场和码头直接相连，形成了机场—翔安隧道—刘五店码头—金门的海空连运交通通道，使翔安成为对台经贸文化交流的重要基地。

大嶝对台小商品市场，是翔安隧道通车后发展得最成功的一个项目。2012 年，这个市场的交易额超过 10 亿元，接待游客 350 万人次，多家企业正在与台湾企业洽谈，使化妆品、电子产品等部分价值较高的台湾特色商品从大嶝市场“登陆”。而在没有翔安隧道之前，从岛内去大嶝，可谓山高水远，一般要 3 个小时，现在，仅需 40 分钟。不少市民和外地游客慕名而来，满载而归。

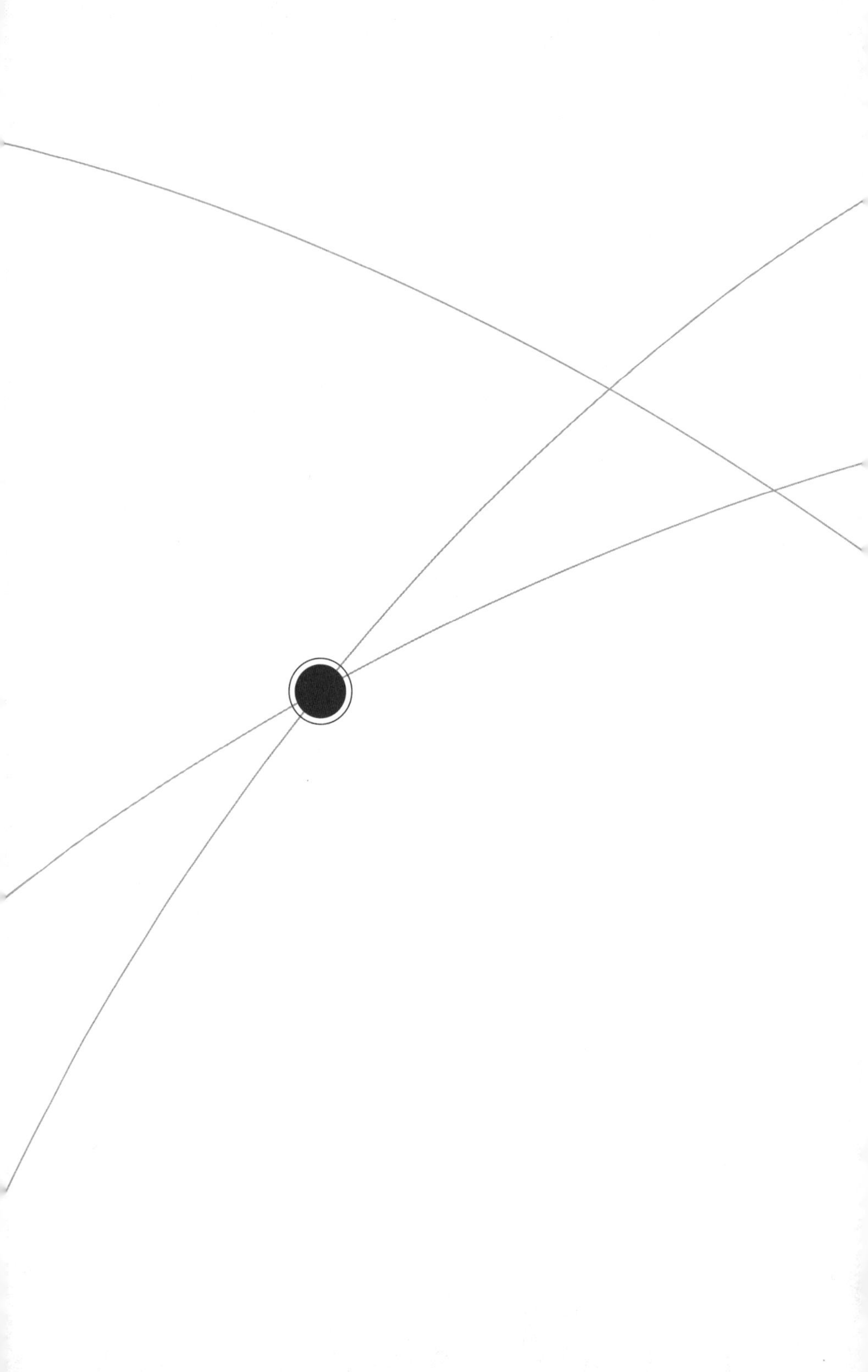

为中国海底隧道建设提供宝贵经验

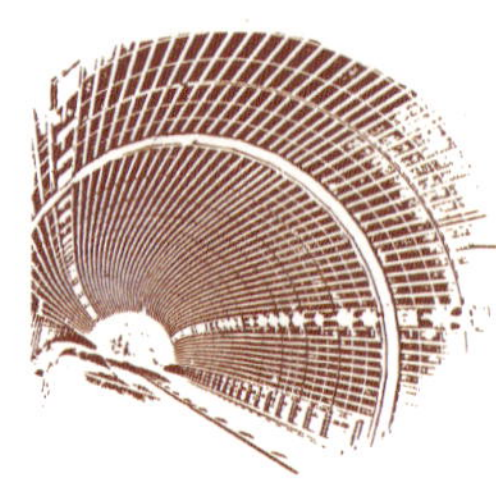

科技创新成果

翔安隧道历时十年的科研攻关和四年八个月的工程实践系统地解决了钻爆法海底隧道勘察、设计、施工和运营关键技术，综合形成建设与运营成套技术，填补了国内空白，标志着中国人已经掌握自主修建海底隧道的核心技术，对中国开启后续海底隧道建设起到示范和引领作用；同时，也丰富和发展了当今世界在复杂地质条件下修建高难度高风险海底隧道的尖端技术，在世界海底隧道建设史上具有里程碑意义。

▶ 结构模型试验研究

▶ 二衬温控监测

▶ 支护结构腐蚀监测

▶ 高性能混凝土专题研究，确保 100 年使用寿命

1. 确立了中国过海工程方案的科学比选模式。

项目共对 1 个潮汐发电闸坝方案、7 个跨海桥梁方案和 3 种隧道方案（沉管、钻爆、盾构）进行深入比选；综合海域风化囊槽和透水砂层等高风险地质条件、港口航道资源保护、中华白海豚国家级保护区环境影响、全天候运营、建设技术与工程经济等因素，最终选定钻爆法方案。

2. 建立复杂海域环境下海底隧道高精度地质探查综合技术。

在隧道设计阶段，针对海底隧道特点，对常规陆域地质勘察技术进行参数和工艺优化，提出海域浅层地震反射技术、海上跨孔地震波 CT 勘探技术、海上钻孔抽（压）水试验技术等创新技术。

在隧道施工阶段，建立以掌子面水平超前钻孔为主，以 TSP、红外探水、地质雷达等物探为辅，小断面服务隧道先行施工的海底隧道综合地质预报技术模式等。

3. 提出复杂地质条件下大断面钻爆法海底隧道线位设计方法。

首次提出海底隧道基岩等深线概念，据此建立平面线位设计方法；纵面线位设计方法；行车隧道 + 服务隧道的三孔海底隧道横断面布置模式。

4. 建立大断面海底隧道支护结构体系设计方法。

包括海底隧道结构外水压力计算公式；抗外水压力作用的最优海底隧道断面型式；海底隧道分区防水和多重自防水体系；海底隧

道结构采用高性能混凝土及温控防裂的耐久性设计方法等。

5. 建立复杂地质条件下大断面海底隧道安全施工技术。

▶ 2009 年 6 月 13 日 15:58，翔安隧道右线胜利贯通

包括适用于海域风化深槽、潮间带富水砂层、陆域全强风化花岗岩隧道施工工法；适用于海底隧道的注浆堵水和围岩加固技术；基于软岩损伤和渗流的隧道变形控制技术；基于中华白海豚保护的隧道硬岩控制爆破技术；海底隧道施工安全应急救援管理体系等。

6. 建立海底隧道运营安全及养护维修技术体系。

包括海底隧道防灾救援体系；基于海底隧道风险辨识理论的长期监测体系；基于海底隧道施工实录的养护维修技术等。

这些研究成果除了直接应用于厦门翔安海底隧道修建外，还在其他多个大型工程建设中得到成功地推广及应用，如山东省青岛胶州湾海底隧道、湖南省长沙浏阳河水底隧道、厦门第二西通道海底隧道等，起到很大的引领作用。

中国海底隧道的现实与展望

在翔安隧道建设之后，全国多地陆续开展了海底隧道建设工作，其中山东胶州湾海底隧道顺利建成，渤海海峡跨海通道、琼州海峡隧道的论证工作也在积极进行当中。

▶ 已建成项目

山东省青岛市的胶州湾海底隧道，又称胶州湾隧道。是目前中国最长的海底隧道。隧道全长 7800 米，分为陆上和海底两部分，海底部分长 3950 米。该隧道位于胶州湾湾口，连接青岛和黄岛两地，双向 6 车道。

胶州湾隧道于 2006 年 12 月 27 日正式开工建设，2011 年 6 月 30 日正式开通。通车后，青岛市民 6 分钟即可轻松到达黄岛区。该隧道的建成通车使青岛东西海岸实现“同城化”，将结束胶州湾两岸的人员往来仅靠轮渡的历史，实现东西岸半小时圈。

▶ 待建项目

厦门第二西通道。在建设东通道（翔安隧道）之后，厦门目前正在积极建设第二西通道（海沧隧道。海沧大桥为第一西通道）。目前，该项目建议书已经提交国家发改委审批，主体工程开工时间未定。

厦漳海底隧道。是厦门的第三条海底隧道，将会连接厦门本岛和漳州开发区。隧道一旦建成，厦门到漳州龙海10分钟以内即可抵达，其最直接受益的是厦门大学的漳州校区，以及附近开发的一系列大型房地产项目。国务院批准的中国首个生态型人工岛“双鱼岛”，也在隧道的辐射范围内。

渤海海峡跨海通道。最终方案在2013年底定稿，设计全长123公里的跨海通道两端，分别是辽宁大连和山东烟台。这一跨度也将使得渤海海峡跨海通道远超日本青函海底隧道（约54公里）、英吉利海峡海底隧道（约51公里），成为世界最长的海底隧道。而通道连接的两侧，烟台与大连之间的直线距离仅170公里，乘船却需6.5—8个小时，而且每年均有1个多月因风浪影响不能通航。如果全天候运行的渤海海峡跨海通道建成通车，则最多只需两小时。相关人士认为，如果以3万辆汽车的日流量来算，每车节约500公里路程的话，一年节约的燃油就可达100万吨左右，这相当于一座中型油田一年的原油产量。

琼州海峡隧道。预计建设期约8年，2020年后建成，投资将超过1000亿元，目前相关研究报告已经完成。该工程一旦获批动工，海南省也将从“离岛经济”跨入“半岛经济”。

有关专家认为琼州海峡“宜隧不宜桥”，其理由是，建桥技术上不可行，环境上也不允许。因为琼州海峡每天都有运油船经过，要建桥的话高度必须不低于70米，以现在的技术，很难做到。如果修桥，即便在最窄处修，全长也达18公里，再考虑海峡深度和海底地况的复杂，将很难抵御超强台风、超强海浪、超强地震等自然灾害的挑战。而建设隧道的好处不必多说，其不仅能够解决全天候通行问题，在环境、经济和军事安全等方面都有优势。

▶ 翔安隧道景观

后 记

翔安隧道这一宏伟的工程，不仅圆了厦门岛内外人民百年来穿越海底抵达彼岸的梦想，也将载入史册，成为具有里程碑意义的国内第一条海底隧道，还是迄今为止世界上断面最大的钻爆法公路海底隧道。

它寄托了几代人的梦想与期盼；承载了建设者近一千七百个日日夜夜的艰苦奋战；凝聚了全体参建单位的万千智慧与力量。

这是一项富有开创性意义的工程，积累了不少宝贵的海底隧道建设经验，取得了一批海底隧道建设关键技术，为中国后续海底隧道工程建设提供了重要的借鉴和参考。作为国内第一条海底隧道，由国内自主完成勘测、设计和施工，保质保量、安全高效地建成了精品工程，并取得重大突破性成就，这无疑是一个十分成功的项目，充分展现了中国的海底隧道建设实力和科技创新成果，丰富和发展了世界海底隧道建设技术。

翔安隧道也是一个探索性工程，难免留下一些不足和遗憾，有待后续海底隧道工程继续研究探索和创新突破。如在海底软弱地层注浆加固材料、工艺，海底隧道施工机械化配套水平，海底施工险性事件等级控制水平，应急抢险专用设备研制，充分考虑管养便利的人性化设计方法等方面，还有不少提升空间，有待进一步研究探索和提升完善。